LA COMMENDE

A L'ABBAYE DE St-THIERRY

LA CHASSE DE SAINT-MARCOUL

AU SACRE DE LOUIS XV

ABBÉ DIEUDONNÉ

Curé d'Avenay

REIMS

IMPRIMERIE COOPÉRATIVE

24, rue Pluche, 24

1910

LA COMMENDE

A L'ABBAYE DE S^T-THIERRY

A L'ABBAYE DE St-THIERRY

LA CHASSE DE SAINT-MARCOUL

AU SACRE DE LOUIS XV

Abbé DIEUDONNÉ

Curé d'Avenay

REIMS

IMPRIMERIE COOPÉRATIVE

24, rue Pluche, 24

1910

Extrait de la Revue de Champagne

(1909-1910)

Publication historique, archéologique, artistique et littéraire

Tiré a part a 100 Exemplaires

LA COMMENDE A L'ABBAYE DE SAINT-THIERRY [1]

LA COMMENDE EN GÉNÉRAL

Commencée en 1469, la commende, à l'abbaye de Saint-Thierry, dura jusqu'au mois d'août 1777. On peut la diviser en deux périodes : la première de 1469 à 1695 comprend la commende telle qu'elle a été exercée par les différents abbés nommés par les rois de France ; la seconde, qui va de l'année 1695 à l'année 1777, comprend celle exercée par les archevêques de Reims.

Le Père Victor Cottron, prieur de l'abbaye et son chroniqueur, caractérisant la commende, surtout celle comprise dans la première période, dit : *En ces temps calamiteux l'abbaye de Saint-Thierry tomba misérablement dans la gueule des abbés commendataires, qui ont dévoré toute sa substance et ses revenus* (2). Bien que très énergiques, ces paroles sont, nous allons le voir, l'expression exacte de la vérité. Toutefois, avant d'entrer davantage en matière, il est opportun, semble-t-il, de dire, brièvement, ce qu'est la commende.

On entend par commende la provision d'un bénéfice régulier faite à un clerc séculier, avec dispense de suivre la discipline monastique. Quoique contraire aux saints canons, la commende était fort ancienne dans l'Église. On voit, dès le VIᵉ siècle, le temporel de certains monastères remis entre les mains de supérieurs séculiers : c'est là, évidemment un système dangereux, et qui devait engendrer, avec le temps, d'immenses désordres. En vain les Pontifes Romains essayèrent d'en réprimer les abus ; ces abus se multiplièrent, et finirent par se généraliser après le concordat passé entre Léon X et François Iᵉʳ, et malgré les mesures coercitives édictées par le concile de Trente. Par ce concordat le roi de France acquérait le droit de nommer aux abbayes. Dès lors, le champ était grand ouvert à toutes les ambitions. Cette main-mise

---

(1) **A titre de documentation, nous nous sommes inspirés, surtout pour la présente étude, de trois manuscrits, qui se trouvent à la bibliothèque de Reims :**

A) *Chronicon percelebris monasterii Sⁱⁱ Theodorici, prope Remos, auctore V. Cottron prioris ejusdem monasterii.* C'est une vaste compilation in-folio, assez indigeste d'ailleurs, de tous les documents intéressant l'histoire de l'abbaye de Saint-Thierry, dans laquelle l'auteur ne donne d'autre division à son ouvrage que les prélatures des abbés du Mont-d'Hor, et consigne, au jour le jour, les chartes, originaux, manuscrits, formant le fonds de la bibliothèque du monastère.

B) *Histoire de l'abbaye de Saint-Thierry*, résumé très succinct de l'ouvrage précédent, et composé en langue française par le même auteur, qui a ainsi voulu populariser l'histoire du monastère.

C) *Livre du monastère.* Commencé à l'époque de l'union de l'abbaye à la congrégation de Saint-Maur, il a pour titre : *Livre qui renferme ce qui s'est passé de notable dans le monastère de Saint-Thierry, depuis son union à la congrégation de Saint-Maur.*

(2) Cottron — manuscrit français.

sur les propriétés ecclésiastiques, donnait à l'Etat un pouvoir discrétionnaire sur les biens des couvents. Dès lors, pour le choix des abbés, il ne sera plus tenu compte de la vertu, de la science, de la prudence ; ce qui fera prime, ce seront les services, parfois très profanes, rendus à la cause royale ; ce sera aussi, bien souvent, le favoritisme. De là, ces nominations, souvent bizarres, quelquefois scandaleuses : ici, un simple tonsuré ; là, un enfant, totalement étranger à la hiérarchie ecclésiastique et dans le berceau duquel aura été déposée, comme don de joyeux avènement la commende d'une ou plusieurs abbayes (1).

Sans doute les religieux auront droit, même sous la commende, au tiers des revenus du couvent ; mais ordinairement cette « portion congrue » sera insuffisante pour leur permettre de vivre et de subvenir aux multiples charges qui leur incombent. De son côté l'abbé commendataire, qui lui aussi a ses charges, mais qui peut disposer des deux autres tiers, n'aura aucun souci de consacrer, aux réparations auxquelles il est obligé, ses revenus, et ne s'inquiètera nullement de réédifier ou de réparer les ruines.

PREMIÈRE PÉRIODE

§ I. — Le Cardinal Jean de La Ballue.

Aussi, la commende, dans tous les monastères où elle a été établie devait être fatalement le principe et le signal d'une décadence lamentable, tout à la fois physique et morale. La commende commença pour l'abbaye du Mont-d'Hor, en l'année 1469, et le premier abbé commendataire, fut Jean de La Ballue, cardinal d'Angers, « confesseur et aumosnier du roy Louis onziesme ». Ce monarque, qui avait été somptueusement reçu par les Religieux, en leur abbaye, en 1461, la veille et le lendemain de son sacre en la bonne ville de Reims, n'avait pas perdu, après huit ans révolus, le souvenir de cette généreuse hospitalité ; il voulut manifester aux moines sa royale reconnaissance en leur imposant d'office, comme commendataire, son premier ministre. Cette appréciable faveur ne fut pas longtemps profitable à son titulaire « *Peu de temps après*, dit le chroniqueur, *le Roy* l'ayant à soubpçon, le fit mettre en prison dans la tour de Loches, en une cage de fer, avec l'évêque de Verdun, où il demeura près de onze ans (2). » Quoique prisonnier, le cardinal de La Ballue ne se considéra pas, cependant, comme dépouillé de ses privilèges. Nous voyons, en effet, en 1486, le 30 avril, Nicolas Guichart, docteur en droit, chanoine de Saint-Gatien, de Tours, et son vicaire général, entrer en composition, à propos de certains cens et revenus, avec Jean de Chaban, prieur de Ventelay, de l'Ordre de Saint-Benoît, dépendant de Marmoutiers.

Comme on le voit, l'abbaye de Saint-Thierry se trouve, dès la première

(1) Voir : *Histoire de l'abbaye d'Igny*, par Mgr Péchenard.
(2) Manuscrit français.

année de la commende, dans une position bizarre et particulièrement dangereuse. Elle est une proie facile pour tous les appétits, pour toutes les ambitions. Le cardinal de La Balue avait, comme secrétaire, un certain Arnould d'Anglade ou d'Anglure, « escuyer, sieur de la Colombières, près de Tours », protonotaire apostolique et chanoine de Reims. Ce d'Anglade, voyant « son maître en prison » (1), fort, d'ailleurs, de l'appui de Navarrot, son frère, qui jouissait d'un grand crédit auprès du roi de France, se crut autorisé à prendre le nom et à agir en abbé commendataire. Le chroniqueur de l'abbaye stigmatise en deux mots l'administration de cet intrus : « Faisant le loup soubs la peau du mouton, il pilla et ravit tous les meubles et biens du monastère » (2).

§ II. — Gilles d'Ostreil.

Ce violent état de choses ne pouvait, évidemment, durer longtemps. Les religieux et « bons ecclésiastiques » se plaignirent hautement et avec fermeté au Roi. Louis XI n'osa pas leur refuser la satisfaction à laquelle ils avaient droit. Moins d'un an après « l'envahissement de l'abbaye », en 1490, il leur donnait, comme abbé commendataire, un excellent religieux, Gilles d'Ostreil, natif de Doullens, en Picardie, et prieur de Saint-Pierre de Corbie. Voici la description du blason que ce nouvel abbé adopta, en acceptant ses fonctions : Écartelé : le 1er et le 4me de gueule, à l'étoile d'or, au chef d'azur chargé de trois larmes d'argent, le 2me et le 3me de gueule, à trois coquilles d'or, deux en chef et une en pointe. »

Le Père Cottron nous fait, en ces termes, l'éloge de l'administration de Gilles d'Ostreil : « Il se comporta aussy bien en sa charge que les deux autres s'en estoient mal acquittés, et embellit autant ce monastère, que ses prédécesseurs l'avoient dégradé. »

Le premier acte de Gilles d'Ostreil fut de mettre de l'ordre dans les biens de l'abbaye dont il avait la garde, et d'en faciliter la gestion. Le couvent possédait dans le Nord, de grandes propriétés à Athies, à Monts, à Essommes, etc. L'administration de ces propriétés était ardue à cause de la distance et des démarches nombreuses exigées par la perception des revenus. De concert avec les religieux (car en tout, il prendra conseil des moines) il loue, pour quarante ans, à un certain Hugues de Ranegon, écuyer, pour la somme de cent quarante livres, les dîmes, cens, terres, situées en ces différentes localités. Cette mesure prise, le vigilant abbé songe à faire rendre gorge au fameux Arnould d'Anglade, et le fait citer au tribunal du Chastelet, par devant le prévôt de Paris. Le maître voleur n'eut garde de répondre à cette citation. Bien mieux, il s'empara d'un religieux, Simon Morlet, qui, au nom de ses confrères, requerait contre lui, et le fit enfermer, pendant neuf ans, « au pain et à l'eaüe » en son château de Gammache, près Abbeville. Un jugement fut rendu contre lui par défaut, le 4 février 1491.

(1) Manuscrit français.
(2) Manuscrit français.

Nous ne pouvons reproduire ici ce jugement dans toute sa teneur. Il est écrit, d'ailleurs, en un français assez peu compréhensible. Nous en extrayons cependant quelques passages qui ne manquent pas d'intérêt (1).

Tout d'abord ce jugement est rendu par « Jacques d'Estouteville, chevalier, seigneur de Baine et de Blainville, baron d'Yvoi et de Saint-Andry en la marche, conseiller, chambellain du Roy et garde de la prévoté de Paris, commissaire gardien et conservateur général. « Il est adressé « aux maistres, regens et escolliers estudians en l'Université de Paris », sans doute parce que dom Simon Morlet, le prisonnier du château de Gammache est « escollier estudiant en la ditte Université. »

Il nous apprend que durant le temps « que Balue avoit esté prins et detenu prisonnier par l'ordonnance de deffunt de noble memoire, le Roy Loys dernier, trespassé, que Dieu absoille, le dit d'Anglade, tantôt et incontinent après la dite detention de prison, fut intrus et bouté dedans icelle abbaye, et de fait en print le gouvernement. »

Egalement il dresse la longue liste des méfaits accomplis par cet instrus soit pendant la détention, soit après la délivrance du cardinal d'Angers : « plusieurs grans outrages, dissipations, deguste, dissolucions, insolances, crismes et delits. Incontinent qu'il cogneut que le cardinal fut delivré et mis hors de prison, iceluy d'Anglade print, ravi, emporta de fait et de force, et oultre le gré et volonté des relligieux d'icelle abbaye, grande partie des reliquaires, joyaulx et biens d'icelle église et abbaye, et entre autres, une croix d'or, en laquelle estoit le reliquaire de la vraye croix ou Notre Seigneur Jésus Christ souffrit mort et passion, laquelle estoit moult riche et notable, et estoit estimée valoir cens escus d'or : item, une crosse à l'usage de l'abbé d'icelle église, qui valoit et estoit estimée valoir deux mille escus d'or : item, un émail garni de pierres précieuses, que l'on souloit mettre à une chappe, moult riche et notable, qui valoit et estoit estimé valoir cinq cens escus d'or : item plusieurs robbes de drap, de soye, de velours que l'on avoit donné pour faire a ornements a ladite abbaye, qui valoient et estoient estimées valoir trois cens escus d'or : item et trente quatre queües de vin, qui appartenoient pour le tout, au couvent d'icelle abbaye, et non à l'abbé ou administrateur d'icelle, qui valoient lors mieulx de vingt quatre livres tournois la queüe, qui sont pour les dites trente queües, sept cens vingt livres tournois : Item print, ravi et emporta ou feist prendre, ravir et emporter six cens livres tournois en argent content, qui appartenoit au dit couvent seullement, pour le tout et que l'on avoit donné et aumosné pour faire aucunes fondations et obits en icelle abbaye : item cinquante marcs de vaisselle d'argent, qui appartenoient au dit couvent seul, qui valoient et estoient estimées valoir douze livres tournois chacun marc, pour six cens livres tournois. Item print avecques et emporta ou feist prendre et emporter grande quantité d'autres ustanciles de maison, comme lits, linceux et autres choses, qui valoient et que lesdits Religieux estimoient valloir cinq cens livres tournois. »

Le jugement se termine par la sentence suivante, en tout conforme aux réclamations des Religieux : « avons adjugé et adjugeons les demandes des Religieux, requestes et conclusions cy dessus contenues et en ycelles condampnons ledit Arnould d'Anglade, et sy le condampnons aux dépenses ».

A propos de cette sentence le chroniqueur dit qu'il ne sait pas si elle a été mise à exécution et si restitution a été faite par le misérable, les documents faisant défaut (1).

Tranquille de ce côté, l'abbé Gilles s'occupe de régler certains différends existant entre la communauté et les propriétaires du voisinage. Une difficulté était pendante entre l'Église de Reims, dont Jean Le Roy était trésorier, et l'abbaye du Mont-d'Hor au sujet de la moitié des dîmes appelées « Rapport de Fer », que chacune des deux Églises prétendaient avoir sur leur territoire. Un arbitrage est proposé et on choisit comme arbitres Jean Cauchon l'aîné, écuyer seigneur de Sillery, Ludes et Puisieux, Jean Cauchon, le cadet, écuyer et « toparque » de Neuflize, Jean Bousquet, Jean Maubrüe, licenciés ès-lois, conseillers et patrons, demeurant à Reims. Une sentence arbitrale est rendue, qui déclare que l'abbé de Saint-Thierry, seul, percevra toutes les dîmes de vin et de froment à Saint-Thierry, Villers-Sainte-Anne, Thil, Merfy, Pouillon, Villers-Franqueux, et que le trésorier pourra seulement percevoir les dîmes de Courcy (2).

Profondément éprouvée par les troubles occasionnés pendant la Guerre de Cent Ans, épuisée par les dilapidations des premières années de la commende et par les négligences voulues des commendataires, l'abbaye avait vu les ruines s'amonceler dans ses lieux claustraux et dans leurs dépendances. Il était donc de toute nécessité d'y pourvoir au plus tôt. Gilles d'Ostreil, qui s'en rend compte, s'y applique avec un zèle louable et une persévérante ardeur. Un obstacle, cependant, s'opposait à sa bonne volonté : l'abbaye manquait de ressources. Le vigilant abbé, pour parer à cette grosse difficulté, n'hésite pas à vendre, en 1492, à un nommé Jean Flameng pour une somme de quatre mille huit cents livres payée comptant, quatre cents livres de revenus annuels à prendre sur ceux du pays de Flandre, et, pour plus de sécurité, fait homologuer cette vente par Maximilien « roy des Romains, Hongrie, Dalmatie, comte de Flandre et d'Artois » (3).

L'année suivante il obtient du pape Alexandre VI une bulle datée de Saint-Pierre, dixième jour des Calendes d'octobre, année 1493, par laquelle le Souverain Pontife enjoint aux abbés de Saint-Eloi de Noyon, de Saint-Corneille de Compiègne, et d'Oham, au diocèse de Noyon, de faire restituer aux religieux de Saint-Thierry, toutes les dîmes, terres, vignes et autres biens aliénés, sous peine d'encourir les censures ecclésiastiques (4).

S'étant ainsi procuré d'abondantes ressources, Gilles d'Ostreil procède aux réparations les plus urgentes. « Le monastère, dit le chroniqueur, crous-

(1) Manuscrit français.
(2) Manuscrit français.
(3) Manuscrit français.
(4) Chronicon.

loit de tous côtés. » En quelques mois une voûte nouvelle est reconstruite dans la salle du Chapitre, une autre dans le cloitre qui donne accès dans l'église. Mais c'est cette dernière surtout qui est l'objet des incessantes préoccupations du bon abbé. Ecoutons sur ce point le Père Cottron. Les détails qu'il nous donne sont, à tous égards, intéressants, et nous permettront de connaître, au moins en partie, cette magnifique église :

« C'est luy qui a embelli la chapelle de Nostre-Dame, tout à l'entour, depuis le bas des vitres jusqu'au pavé, de beaux tableaux de pierre de relief, ou sont représentéz les principaux misteres de la vie de Nostre Seigneur, du coste droict, et ceux de la vie de Nostre Dame, du coste gauche, et, dans le milieu tous les estats ecclesiastiques et laïques qui implorent le secours de la Sacrée Vierge. Il a aussy fait faire la balustrade de cette chapelle, qui est d'une très belle sculpture, ornée de ses grandes images, tant par dedans que par le dehors, de prophètes, de sibilles, et au milieu la représentation de la sépulture de Nostre Seigneur. Cette chapelle est si belle et agréable que personne ne la voied qu'il ne l'admir. »

Pour récompenser Gilles d'Ostreil de son zèle, vraiment extraordinaire dans un abbé commendataire, le Pape Jules II, par une bulle datée de Saint-Pierre, 17 des kalendes de mai 1502, lui conféra les mêmes privilèges que ceux accordés par son prédécesseur, Nicolas V, à l'abbé Aimeric de Hocquède, à savoir : porter la mitre, l'anneau et les autres insignes pontificaux, donner dans le monastère et dans les prieurés qui en sont dépendants, dans les paroisses et les églises qui relèvent de l'abbaye, la bénédiction apostolique, excepté en la présence d'un évêque ou d'un légat du Saint-Siège, après la solennité de la messe, des vêpres ou des matines ; bénir les croix, amicts, étoles, manipules, chasubles, tuniques, dalmatiques et autres ornements nécessaires pour la célébration du culte divin ; conférer la tonsure et les quatre ordres mineurs, dans son monastère et dans tous ceux qu'il pourrait obtenir en commende (1).

Evidemment ces faveurs pontificales ne pouvaient qu'enflammer le saint zèle de Gilles d'Ostreil. Celui-ci ne se contente pas de faire des réparations ; il veut aussi augmenter le domaine de l'abbaye. Nous le voyons, en 1510, entrer en composition avec Robert de Lenoncourt, archevêque de Reims, pour la vicomté de Reims à Saint-Thierry, Thil, Pouillon et Merfy. En 1513, il achète, avec ce qui reste de l'argent de la vente des revenus de Flandre, à Philippe de Bezanne, seigneur de Sapigneul, pour la somme de trois cents livres tournois, les bois que ce dernier possède à Trigny, Chalons-sur-Vesle, Chenay, Pévy et également ceux appartenant, en ces mêmes villages, à Nicolas Rouy, seigneur de Vaulx. En même temps il transige avec le Chapitre de Reims, au sujet des dîmes de Thelinne, de la Chambre-aux-Loups, près de Vouziers et de Sainte-Marie-sous-Bourcq. Puis, voulant assurer au monastère la paisible possession de toutes ces acquisitions, il sollicite

(1). Chronicon.

et obtient, en 1516, du roi François Ier, confirmation de tous les privilèges et immunités accordés à l'abbaye de Saint-Thierry (1).

Ces différentes occupations, toutes extérieures, ne l'absorbaient cependant pas à ce point qu'il ne songeât plus à continuer l'ornementation de son église. Il la dote d'une nouvelle cloche à laquelle il donne le nom de Marie, dont il veut être lui-même le parrain et qu'il a fait exécuter chez Georges Wuarthegem, fondeur, rue d'Anvers, à Malines. Quelques années auparavant, en 1510, il avait fait fabriquer un reliquaire en forme de bras, enrichi de pierres précieuses, pour y mettre le bras de saint Thierry.

Or, parmi les religieux vivant alors dans le monastère, se trouvait un jeune profès, François d'Ostreil, neveu de l'abbé commendataire. Celui-ci, fatigué par les travaux multiples auxquels il s'était consacré et se sentant vieillir, craignant en même temps que par sa mort le monastère ne retombât dans « la gueule » d'indignes commendataires, se décida à résigner son abbaye entre les mains du pape Léon X; il sollicita toutefois de la libéralité pontificale que son neveu François fut nommé à sa place comme abbé commendataire. Le pape y consentit par une bulle datée de Saint-Pierre, 8 des Ides de septembre 1516, mais à la condition qu'une somme de mille livres, monnaie d'Artois, et une pension annuelle de cinq cents ducats fussent exactement payées à Gilles, sur les revenus du monastère, en quatre termes : Saint-Jean-Baptiste, Saint-Remy, Noël et Pâques; si l'un de ces paiements était retardé de plus de trente jours, excommunication s'ensuivrait jusqu'à satisfaction intégrale. De plus, parce que le neveu était trop jeune pour assumer les responsabilités d'une si lourde gestion, Gilles d'Ostreil fut maintenu, par cette même bulle, comme administrateur de toute l'abbaye, jusqu'au temps où le jeune abbé aurait atteint l'âge compétent (2).

Cette sorte de tutelle dura six ans. Le 26 mars 1522, Gilles d'Ostreil mourait et son corps était enterré dans l'église du monastère qu'il avait si somptueusement restaurée. Sa tombe, placée devant le grand autel, un peu à gauche, fut recouverte d'une plaque de marbre noir, sur laquelle il était représenté les mains jointes, ayant à sa droite une crosse et à sa gauche une mître. Une courte inscription indiquait son nom, ses titres et la date de son décès.

§ III. — François d'Ostreil.

La bulle du pape Léon X stipulait que François d'Ostreil ne pourrait exercer le gouvernement de l'abbaye réellement que quand il aurait atteint l'âge de vingt ans. Or, à la mort de l'abbé Gilles, son oncle, le jeune religieux qui, bien que profès au monastère, faisait ses études à Saint-Omer, n'était âgé que de dix-sept ans. Force lui fut donc d'établir un procureur général pour la gestion de ses affaires. Sur le conseil de son père et de son aïeul, il choisit pour vicaire général un religieux, Dom Alard d'Anianes, qui « s'ac-

(1) **Manuscrit français.**
(2) **Chronicon.**

quitta fort bien de sa charge » (1). Nous le voyons, en effet, pendant les dernières années de l'abbé Gilles et sous sa direction acquérir, en 1518, de Nicolas de Thumery, seigneur d'Ecury et de Bouy, le domaine de Bouy-sur-Suippe avec les terres, bois, rivière et autres cens y annexés ; puis doter, en 1520, l'église de l'abbaye d'une magnifique cloche, pesant 9,000 livres, à qui il donne le nom de Jacqueline et dont les parrains sont « messire Jacques le Frémyn, premier lieutenant au siège royal de Reims de Monsieur le Bailly de Vermandois, et damoiselle Jacqueline Collet sa femme » (2).

Ayant atteint l'âge requis par les décisions pontificales, François d'Ostreil prit, en 1527, la direction effective de l'abbaye. Voici la description des armes que le nouvel abbé adopta : écartelé : au premier et au quatrième de gueule à trois coquilles d'or, deux en chef et une en pointe ; au deuxième et au troisième, d'or, à la croix ancrée de gueule.

Certains actes nous font connaitre quelques-uns des membres de sa famille. Nous y remarquons Jean d'Ostreil, son père, écuyer, seigneur de Vral, fils de Philippe d'Ostreil, seigneur de Lierres, auquel il loue, en 1527, pour neuf ans, moyennant la somme de 700 livres, toutes les terres, cens, dîmes et revenus que le couvent possède en Flandre et en « Hannonie » ; puis Marguerite de Courtcheuse, sa veuve, qui, en 1542, loue ces mêmes terres pour dix-huit ans ; leur fils Charles, qui a pour agent général Pierre d'Ostreil, seigneur de Frelinghem, d'Aulinguen, etc. ; Gilles d'Ostreil, « noble et discret jeune homme du diocèse d'Arras, à qui échoit l'administration du prieuré de Trigny » ; enfin Nicolas d'Ostreil, protonotaire du Saint-Siège et prieur de Saint-Wast, qui achète au couvent, en 1545, le fief et le domaine de Bouy-sur-Suippe, avec la grosse et moyenne dîme, pour le prix de mille livres, et, en vertu d'une transaction passée avec les religieux, fait construire le moulin de Merlette, à Huppignicourt, dépendance de l'aumônerie de l'abbaye. Ce Nicolas d'Ostreil, mort en 1545, fut enterré dans une des nefs latérales de l'église abbatiale, devant l'autel de saint Jean-Baptiste, récemment consacré (3).

Commencée en 1527, la prélature de François d'Ostreil n'offre à l'étude rien de particulièrement intéressant. Le 21 avril 1528, il prête, sur le grand autel de la cathédrale, le serment ordinaire d'obéissance et de soumission à l'Église de Reims. Toutefois, continuant les traditions de son oncle, il s'appliqua surtout à orner l'église de l'abbaye et à en enrichir le trésor si appauvri par les déprédations d'Arnoulf d'Anglade. Citons à ce propos le P. Cottron (4) : « François d'Ostreil a fait, dit-il, plusieurs choses considérables, entre autres il a donné la crosse abbatiale, le haut de laquelle est tout d'argent massif garni de pierres fines ; le pied est en partie d'argent partie de cuivre bien doré et esmaillé ; il a donné aussi l'encensoir d'argent avec la navette ; a fait faire plusieurs vitres des chapelles de sainte Barbe et

(1) Manuscrit français.
(2) Cottron, manuscrit français.
(3) Chronicon, passim.
(4) Manuscrit français.

de saint Benoist ; a donné un devant d'autel de soye tirant sur le jaune et a fait boiser le chapitre de boiserie (1). »

Le jeune abbé se montre aussi le zélé défenseur des droits et des privilèges dont jouit l'abbaye. Évidemment les populations, immédiatement dépendantes du monastère et qui, pendant les premières années de la commende avaient été témoins des ruines amoncelées par les commendataires et de leurs usurpations, n'étaient pas sans se demander si le temps n'était pas venu pour elles de s'affranchir de certaines charges particulièrement onéreuses. Une tentative eut lieu, très discrète, en 1528. Obligation était pour tous les habitants de la terre de Saint-Thierry d'assister, chaque année, aux fêtes de Noël, Pàques et la Pentecôte, à la grand'messe chantée dans l'église de l'abbaye, et d'y venir à l'offrande. Deux hommes de Merfy, Jean Cadot et Jean Prevost, tentent de se soustraire à cette obligation. Immédiatement l'abbé commendataire convoque, sous la présidence de Jean Barbazan, maire de Saint-Thierry, les échevins des villages de Saint-Thierry Thil, Merfy, Pouillon, Villers-Sainte-Anne qui, le 4 juin, rendent un jugement par lequel les délinquants sont condamnés à payer une amende de cinq sous parisis. Un mois après le prononcé de cette sentence, François d'Ostreil, craignant sans doute que cette tentative de rebellion ne se renouvelàt sur un autre point, s'adresse au lieutenant général du bailly de Vermandois à Reims, Thomas Lespaignol, qui, par jugement, confirme l'abbé et le couvent dans le droit de faire baptiser les enfants de Saint-Thierry, Thil, Pouillon, Villers-Franqueux, aux fonts baptismaux de l'église abbatiale pendant l'octave de la Pentecôte, ceux de Merfy et de Villers-Sainte-Anne étant autorisés depuis longtemps déjà, à recevoir le baptême dans l'église Saint-Nicolas de Chenay (2).

Signalons ici pour mémoire, et afin d'être complet en la matière, l'achat fait par François d'Ostreil, d'une maison à Chenay, moyennant la somme de 46 livres, la location d'un pré, à titre de cens annuel, à Jean de Miremont, seigneur de Berrieux, et la conservation, en vertu d'une sentence rendue par le Maître des eaux et forêts, des droits de cens et de justice, dont jouit le couvent sur la rivière de Vesle (3).

Le 26 juillet 1547, François d'Ostreil assistait, comme abbé commendataire, au sacre d'Henri II dans la cathédrale de Reims : « Il y eut place sur le théâtre (4) ». Cinq mois après, le 18 des calendes de janvier, il rendait son âme à Dieu. Le chroniqueur de l'abbaye se tait sur la sépulture de cet abbé. Serait-il téméraire de penser qu'il fut enterré dans l'église de l'abbaye auprès de ce Nicolas d'Ostreil dont nous avons parlé plus haut ?

§ IV. — Interrègne.

François d'Ostreil n'eut pas de successeur immédiat. L'abbaye fut administrée par des commissaires royaux et par les religieux qui, victimes de la

(1) COTTRON, manuscrit français.
(2) *Chronicon.*
(3) COTTRON, manuscrit français.
(4) COTTRON, manuscrit français.

commende, défendaient, par tous les moyens à leur disposition, leur droit
d'élection. Combien de temps dura cet interrègne? Il serait difficile de le
préciser exactement. Nous lisons dans les *Mémoires* du maréchal de Vielleville (1), que l'abbaye du Mont-d'Hor fut sollicitée tout à la fois par le duc
de Guise pour son fils Louis de Lorraine; par le connétable de Montmorency,
peut-être pour lui-même, en réalité pour son neveu le cardinal de Châtillon;
par Diane de Poitiers, qui désirait ainsi procurer à l'un de ses neveux, Brezé,
les douze mille livres de rente qu'on en retirait. Henri II opposa à toutes ces
cupides sollicitations un refus absolu, et, de son propre mouvement, donna
l'abbaye à Vielleville qui en fit présent à son fils Jean de Mas, grand doyen
de Saint-Maurice d'Angers. Le P. Cottron (2) ne parle pas de ce Jean de Mas,
mais il signale, d'après les tables authentiques de l'abbaye, la présence
comme abbé commendataire, en 1551, d'un certain Jean l'Evesque de Marconnay qui établit, comme son grand vicaire, Thomas Cauchon, chanoine de
Reims. Peut-être ce Jean de Mas et ce Jean de Marconnay étaient-ils un seul
et même personnage. En tout cas, le chroniqueur n'est pas tendre pour lui.
Après avoir donné le nombre d'évêchés et d'abbayes dont « la tête de cet abbé
commendataire était ornée » et qui d'après une charte de Saint-Jean de
Laon (3) était de quarante, il ajoute avec une fine et amère ironie dans son
Chronicon : « Jean de Marconnay n'aurait pu, à lui seul, administrer toutes
ces commendes, mais il aurait suffi, seul, à en dissiper le revenu ». Le
P. Cottron reconnaît toutefois que le vicaire général de ce singulier abbé
prit soin de faire aux bâtiments du monastère les réparations urgentes. Nous
ignorons la date et les circonstances de la mort de Jean de Marconnay.

§ V. — Louis de Lorraine, Cardinal de Guise.

Il eut pour successeur, en 1554, Louis de Lorraine, cardinal de Guise. Le
chroniqueur ne nous donne aucun détail concernant l'administration de ce
prélat qui fut successivement évêque de Troyes, d'Albi, de Sens, de Metz et de
Laon, et cumula les commendes de Saint-Victor de Paris, de Saint-Germain
d'Auxerre, de Trois-Fontaines et de Saint-Thierry; il se contente de dire
que le cardinal de Guise, dont il est fait mention dans les tables du monastère en 1556, occupa l'abbaye du Mont-d'Hor de 1554 à 1559.

Nous n'avons pas à faire ici la biographie de ce prince de l'Église. En
dépit des critiques formulées par l'Estoille, qui s'est fait l'écho des conteurs
de l'époque (4), Brantôme, l'annaliste de Henri III, a pu écrire de lui (5) :
« Sur ses vieux jours il se mit aux affaires et il est mort en réputation d'un
très habile prélat, et qui avoit (contre l'opinion vulgaire) aussi bon sens et
jugement sollide que M^r le Cardinal son frère et qui, avec sa lentitude, donnoit
d'aussy bons avis... qu'aucuns qui fust parmi les affaires et conseils du roy. »

(1) *Mémoires de Vieilleville*, lib. II.
(2) *Chronicon*.
(3) Le P. Cottron se contente de la signaler.
(4) Estoille, *Journal d'Henri III*.
(5) Brantome, *Mémoires*.

§ VI. — Jacques Brouillard.

Louis de Lorraine résigna l'abbaye du Mont-d'Hor en 1539. Le chroniqueur se tait sur les motifs de cette résignation. Il fut remplacé par Jacques Brouillard ou du Brouillat, de la famille des Boutevillers, archevêque d'Arles et déjà commendataire du monastère de Lagny, qui choisit comme vicaire général Claude Cauchon, abbé de Saint-Denis de Reims. Il avait comme blason : d'azur au chevron d'argent. Ce Jacques Brouillard était un triste personnage. Partisan de l'hérésie de Calvin, il dut s'enfuir en Angleterre où il se maria. Aussi tous ses bénéfices furent, par arrêt du Parlement de 1562, déclarés vacants. Cette sentence toutefois ne fut exécutée que cinq ans plus tard, ce qui explique pourquoi Jacques Brouillard resta abbé de Saint-Thierry jusqu'en 1567 (1).

La présence de ce misérable ne pouvait évidemment qu'être préjudiciable au monastère. Pour gagner les bonnes grâces de Louis d'Angleberne, seigneur de Lagny, il aliéna en sa faveur les revenus que l'abbaye percevait à Raignicourt, les droits de forage et de roage à Amifontaine, la seigneurie et les revenus de Châlons-le-Vergeur et de Dammarie, et ne reçut en échange qu'une insignifiante métairie, sise à Châlons-sur-Vesle. L'injustice était trop criante. Aussi, quelques années plus tard, le seigneur de Lagny fut condamné à payer une somme de mille livres au commendataire successeur de Jacques du Brouillat et cent écus aux religieux. Cette dernière clause, au dire du P. Cottron (2), ne fut pas exécutée par le hobereau usurpateur. Jacques du Brouillat mourut, dit-on, en Allemagne.

§ VII. — Dominique Leclerc.

Celui qui lui succéda, Maître Dominique Leclerc, surnommé le Mengin, choisit comme vicaire général Jean du Fay, chanoine de la cathédrale de Reims. Il portait : d'or, au léopard de gueule, lampassé, armé et couronné d'azur, au chef d'azur chargé de trois besans d'or.

Les renseignements que nous donne le chroniqueur sur ce Dominique Leclerc sont peu nombreux. Il garde le silence sur son origine, sa famille, sa situation sociale et ses fonctions. Nous savons seulement que sa prélature dura de 1567 à 1594, qu'il est deux fois question de lui dans les tables du monastère, qu'il emporta de force tous les titres de la bibliothèque du couvent et fut cité, de ce chef, en 1573 par les religieux devant les officiaux de Reims, qui le condamnèrent en la personne de son vicaire général à restituer toutes les chartes et instruments volés au chartrier. Nous savons aussi qu'assagi par cette ferme résistance des moines, il passa transaction avec eux, deux ans après, le 1er janvier 1575, au sujet de tous les biens et revenus

(1) Manuscrit français.
(2) Manuscrit français.

qu'il possédait et qu'il laissait, exempts de toute charge, à la mense conventuelle. Cette transaction fut homologuée tout d'abord par le bailly de Vermandois au présidial de Reims, le 2 juillet suivant, puis par le Parlement de Paris (1).

Il ne parait pas d'ailleurs que Dominique Leclerc ait importuné trop souvent de sa présence l'abbaye du Mont-d'Hor pendant les vingt-quatre années de sa prélature. Il en avait remis totalement l'administration à son vicaire général. Celui-ci, interprétant sans doute les intentions de son maître, s'appliqua surtout à défendre les droits de l'abbaye et à maintenir ses privilèges. Par lettres patentes, délivrées en août 1446, le roi de France avait autorisé les religieux à tenir une foire à Saint-Thierry chaque année, pendant trois jours consécutifs : veille, jour et lendemain de la fête de saint Barthélemy. Ce droit longtemps exercé était tombé en désuétude, de « certain temps, tant à occasion des troubles cy devant advenus en nostre royaume que aultres empêchements à eux survenus » (2). En 1571, n'osant, malgré leur désir, se prévaloir de leur privilège, parce qu'ils « doubtent que, obstant la discontinuation d'ycelle foire, aucuns les veuillent empescher en la jouissance d'ycelle foire » (3), Jean de Fay, de concert avec les religieux, s'adressent au roi Charles IX qui, par décret, daté du mois de septembre, non seulement les confirme dans leur droit mais « en oultre leur permet et octroye tenir par chascune sepmaine, le jour de jeudy un marché… pourveu toutefois, que, à quatre lieues à la ronde dudit Saint-Thierry il ne se trouve, au dit jour de jeudy aucunes foires et marchés auxquelles ces presentes puissent préjudicier ».

La tentative d'indépendance des habitants de Merfy, bien qu'énergiquement réprimée, comme nous l'avons dit plus haut, avait produit chez tous ceux qui de près ou de loin étaient sujets de l'abbaye du Mont-d'Hor une assez vive émotion. Çà et là leur exemple fut suivi, mais sans succès grâce à l'énergie déployée par le vicaire général de Dominique Leclerc. Nous voyons, en effet, Jean de Fay obtenir, en 1572, des officiaux rémois une sentence obligeant certains citoyens de Trigny à payer à l'église de Saint-Thierry, comme dîmes quatre septiers, par chaque poinçon de vin ; puis, demander avec succès de la libéralité du roi de France, Henri III, un arrêt condamnant Pierre Frizon, chanoine régulier de Saint-Denis de Reims et curé de Cormicy et tous les habitants de cette localité à payer annuellement aux religieux deux septiers avec dépenses pour chaque queue de vin ; enfin, solliciter, en 1586, une sentence du présidial de Sainte-Menehould pour contraindre Françoise de Raincourt, dame du Chastelet et du Baillard, à payer les dîmes de Vouziers et de sa succursale de Thélines. Cette dernière sentence fut suivie d'une autre obligeant « damoiselle d'Allaumont veufve de Jean d'Orthe, écuyer et vicomte de Vouziers » (4), à payer trois parties de cette même dîme.

(1) *Chronicon.*
(2) Original des lettres patentes de Charles IX, reproduit dans le *Chronicon.*
(3) Ibid.
(4) **Manuscrit français.**

C'est sous cet abbé que les religieux de Saint-Thierry durent abandonner pour quelque temps leur abbaye, à cause des ravages exercés en Champagne par le prince d'Orange et se réfugier à Reims, tout d'abord dans l'hospice de Saint-Baslé, puis à Sainte-Balsamie. Le prince d'Orange « ayant repassé la rivière d'Aisne » (1), ils purent rentrer dans leur monastère, où ils offrirent l'hospitalité aux moines de Saint-Michel de Thiérache, fuyant le théâtre de la guerre. Ces malheureux, qui demeurèrent deux ans au Mont-d'Hor, c'est-à-dire jusqu'à la complète évacuation par les ennemis du sol de Picardie, avaient emporté avec eux « la sainte Larme » qui, au dire du Père Cottron, opéra à Saint-Thierry de nombreux miracles (2).

Après plus de vingt ans de prélature, Dominique Leclerc résignait, en 1595, son abbaye en faveur de son neveu, Jacques Bailly, et allait mourir à Nancy, où il fut enterré dans l'église des Pères Minimes.

§ VIII. — Jacques Bailly.

Entrée, en 1595, dans la famille des Bailly, la commende de l'abbaye du Mont-d'Hor n'en sortira que pour être annexée à la mense archiépiscopale de Reims, cent ans plus tard.

Voici la description des armes de cette famille : d'or, à la fasce d'azur, chargée d'une croix d'argent; en chef deux glands de sinople et un chêne, aussi de sinople en pointe.

Nous manquons de documents pour déterminer la personnalité de Jacques Bailly. Nous savons seulement qu'il est neveu, par sa mère, de Dominique Leclerc, et qu'il exerça la commende de 1595 à 1599. De plus, une charte signalée dans le *Chronicon* nous fait connaître le nom du vicaire général de son choix : Pierre Gilbaut, docteur en droit canon, grand archidiacre de Reims (3).

§ IX. — Charles Bailly.

Également la personnalité de Charles Bailly, autre neveu de Dominique Leclerc, en faveur duquel le précédent abbé résigna sa commende, en 1599, nous est aussi peu connue. Le chroniqueur (4), après avoir rappelé en deux mots l'offrande faite par cet abbé au couvent, de trois chapes de taffetas rouge, signale quelques modifications plus ou moins importantes apportées par lui dans les bâtiments de l'abbatiale. Cette absence de documents a lieu d'étonner, surtout si l'on considère que Charles Bailly quitta seulement la commende du Mont-d'Hor en 1614, pour devenir maître et plus tard doyen à la Cour des Comptes.

(1) **Manuscrit français.**
(2) *Chronicon.*
(3) *Chronicon.*
(4) **Manuscrit français.**

§ X. — Paul Bailly.

Avec Paul Bailly, frère du précé lent, qui lui succède, le monastère entre dans une phase heureuse. Le P. Cottron (1) résume l'administration de cet abbé en ces termes qui, sous sa plume ordinairement sceptique, sont un précieux éloge : « Il a gouverné le monastère fort louablement, car il avait grand soin que le service divin fut bien fait, que les religieux se comportassent honestement et que l'église et autres édifices fussent bien réparés. »

L'abbé Paul Bailly était « conseiller et aumosnier du Roy ». C'est ce que nous apprend l'inscription gravée sur une cloche pesant 6,000 livres, que le nouveau commendataire avait fait refondre, dès le début de sa prélature, et à qui il avait donné le nom de Christine.

Il est certain que messire Paul Bailly, en entrant à l'abbaye du Mont-d'Hor trouva cette abbaye dans une situation lamentable. Le *Livre du Monastère*, dont nous parlerons tout à l'heure, signale, en quelques lignes, l'incurie de la gestion de Charles Bailly, son prédécesseur. « Ce Charles Bailly, y lisons-nous, actuellement maistre de la chambre des Comptes, à Paris, demeura environ huict ans abbé, avant que de résigner. Comme il n'avoit pas desseing de garder ce bénéfice, aussy sembloit-il négliger les bastiments qui estoient en mauvais ordre. Il laissa ruiner le grand bûcher de cuisine qui estoit un grand et hault bastiment entre le reffectoire et le logis du prevost, fit ruiner la chapelle de Chenest, et fit descouvrir le plomb dont estoit presque entièrement couvert le petit clocher de dessus le chœur, pour y mettre des ardoises. » Et l'annaliste ajoute cette mélancolique réflexion (2) : « C'est le malheur ordinaire qui arrive quand on donne des benefices à ceux qui n'ont pas d'inclination et ne sont pas appellez de Dieu. »

Le P. Cottron, dans son *Chronicon*, affirme qu'au départ de Charles Bailly pour la capitale, la communauté du Mont-d'Hor se composait exclusivement de dix moines, parmi lesquels il cite un excellent religieux, Jean Rousset, originaire de Reims. Ce Jean Rousset, vrai disciple de saint Benoît souffrait des abus nombreux commis « en ce lieu especialement contre les vœux (3) ». Aussi cherchait-il depuis longtemps, en son for intérieur, les moyens de remédier à ce malheureux état de choses. L'occasion se présenta à lui enfin, véritablement providentielle. La réforme des Pères Bénédictins de l'abbaye de Saint-Maur venait d'être introduite dans l'archimonastère de Saint-Remy de Reims. Était-il donc impossible de procurer au couvent du Mont-d'Hor les avantages de cette réforme? Le bon religieux qui, par son inépuisable charité, avait acquis dans la communauté une grande influence, consulta l'abbé commendataire qui immédiatement donna son acquiescement au projet. Il y eut bien de la part des anciens religieux quelques velléités de résistance, cette réforme devant être pour eux le principe d'une vie nouvelle

(1) Manuscrit français.
(2) *Livre du Monastère.*
(3) Cottron, manuscrit français.

absolument opposée à leurs vieilles habitudes. Puis ils s'y décidèrent, reconnaissant la nécessité de cette mesure pour « reparer les desastres causés par les guerres civiles et troubles de la France, durant lesquels les communautés se rompent et font dégénérer souvent l'esprit religieux en déportement seculier » (1).

Toutefois, avant de mettre à exécution ce projet si louable et d'introduire dans la communauté du Mont-d'Hor une nouvelle colonie, il était de toute justice d'assurer l'avenir des anciens religieux. Après en avoir reçu l'autorisation du Pape, messire Paul Bailly les pourvut des cures dont la nomination appartenait de droit à l'abbé. Citons ici quelques exemples : Dom Guillaume Potier obtint la cure de Selles; Étienne Lambert, celle de Saint-Obœuf; Gérard Rousset fut nommé à Mesnil-Annelles; Gérard d'Espy, à Bermericourt; Jean Rouget, à Cauroy; Jean Thirion, à Saint-Thierry. Également l'abbé commendataire se chargea, en partie, de la pension de trois autres religieux, partis pour Rome, et dont « la longue absence faisoit doupter de leur deces » (2).

Cette première difficulté résolue, il fallut songer à la réfection des bâtiments et à la réorganisation des lieux réguliers. Les anciens religieux ayant, par concordat passé le 6 mai 1627, renoncé à tous leurs droits sur ces lieux réguliers et sur les revenus de la mense conventuelle, les ressources provenant de cet abandon permirent de commencer immédiatement ces travaux, qui se poursuivirent jusqu'au 15 octobre 1627. Ce ne fut cependant que l'année suivante, 16 juin 1628, que fut conclu, par devant Me Pàque, notaire au Chatelet de Paris, le concordat définitif entre le sieur abbé commendataire et le P. Dom Athanase de Mengin, procureur spécial des supérieurs de la Congrégation. Ce retard s'explique par les hésitations de Paul Bailly qui « durant ce temps, balancoit dedans son esprit, scavoir s'il introduiroit au monastère de Saint-Thierry ou les Pères de la Congrégation de Saint-Vanne ou ceux de la Congrégation de Saint-Maur (3).

L'installation de la nouvelle colonie eut lieu le 21 juillet 1628, du consentement de Gabriel Giffort, archevêque de Reims, en présence des anciens religieux, de l'Abbé commendataire, de dom Athanase de Mengin, prieur de Saint-Remy et visiteur de la province de France, de Dom Cyprien Leclercq-premier assistant, de Dom Martin Tesnières, supérieur général de la Congré, gation (4), et de deux chanoines : Jean Regnard et Thomas Rogier, délégués diocésains (5). Cette colonie était bien le *pusillus grex* de l'Évangile. Elle se composait d'un prieur : Philippe Desvignes; de deux prêtres : Nicolas Dupuit et Thimothée Menestre; de quelques frères : Dunstan Caty, Évangéliste Faverel, Desicole, Vocelle, Maclou Roussel.

Jusqu'ici nous nous sommes inspirés, pour composer cette étude, de deux

---

(1) *Livre du Monastère*.
(2) *Livre du Monastère*.
(3) *Livre du Monastère*.
(4) COTTRON, manuscrit français.
(5) *Chronicon*.

sources de documentation : le *Chronicon* du P. Cottron et l'*Histoire de l'Abbaye*, manuscrit français du même auteur, qui n'est qu'un abrégé succint du *Chronicon*. A partir de 1628, une troisième source de documentation nous est offerte, où nous avons déjà d'ailleurs abondamment puisé. C'est « le Livre qui renferme ce qui s'est passé de notable dans le monastère de Saint-Thierry depuis son union à la Congrégation de Saint-Maur.

Le but de cette publication, véritable *Diarium,* sa valeur, nous sont indiqués dans les premières lignes :

« Il arrive assez souvent que pour avoir negligé de mettre en memoire ce qui se passe de plus remarquable dedans nos monasteres, l'on en ignore le succès et l'on met en oubly plusieurs choses qui peuvent servir d'instruction à la posterité et d'ornement à l'histoire. C'est pour ce subject que nos declarations veullent que ce qui se passe de plus notable soit aussy tost inscrit par nous comme temoings occulaires *(sic)* dedans un livre destiné pour cet objet, à ce que la foy indubitable luy soit donnée (1). »

Les réparations faites aux bâtiments, la réorganisation des lieux claustraux avaient exigé des dépenses considérables. Aussi, dès le début de son installation la colonie se trouva dans une situation précaire. Bien plus, si nous nous en rapportons au *Livre du Monastère,* l'Abbé commendataire, en vertu du concordat passé avec la Congrégation de Saint-Maur « avait bien sceu pourvoir aux interêts particuliers de sa mense qui, tant s'en faut qu'elle soit diminuée, qu'au contraire elle en reçoit des avantages, si l'on confere le concordat à ce que par droict de coutûme il bailloit aux anciens religieux à ce qui nous est donné par concordat » (2). Pour subvenir aux premières nécessités, de généreux sacrifices furent consentis par les anciens religieux ; citons plus particulièrement ceux de Gérard Tourment, trésorier et sacristain, qui abandonna, au profit de ses confrères, une somme de cent cinquante livres qu'il recevait annuellement de l'Abbé, en échange d'un caque de vin ; de Gérard Rousset, curé d'Annelles, qui se contente de vingt-cinq livres par an ; de Jean Rousset, infirmier, qui donne « ses chambres et commodites, un petit colombier et un jardin, ne se reservant rien » (3), de Gérard Commelas, qui après avoir aidé de ses deniers pour les premiers ameublements et pour la réfection des châsses de saint Thierry et de saint Théodulphe, se décharge de son aumônerie et résigne son bénéfice en faveur des nouveaux religieux. L'Abbé commendataire, il est vrai, « s'autorisant de son droit sur les cottes mortes des anciens », voulut contester cette donation : on en référa à la Congrégation générale et les Révérends Pères consentirent « a se relascher pour le bien de la paix et à conceder a Paul Bailly la jouissance du logis de l'Aumonier » (4). Une autre difficulté de même nature ne tarda pas à surgir entre la mense abbatiale et la mense conventuelle. Le huitième jour de février 1629, une violente tempête s'était abattue, de grand matin, sur le

(1) *Livre du Monastère.*
(2) *Livre du Monastère.*
(3) *Livre du Monastère.*
(4) *Livre du Monastère.*

monastère, détruisant le colombier et renversant la flèche du gros clocher
de l'église du monastère, qui « estoit parfaictement belle, fort eslevée et ornée
autour de quatre petites tours, chacune de plus de vingt cinq pieds de
hauteur ». Paul Bailly faillit y perdre la vie : plusieurs grosses pierres déta-
chées violemment du clocher brisèrent la toiture du logis qu'il habitait,
pénétrèrent dans sa chambre située au pied même du clocher et brisèrent sa
couchette. Heureusement, ayant « le desseing d'aller à Paris pour affaire il
s'estoit levé de meilleure heure qu'à son ordinaire » (1). Or, à qui incom-
baient les frais exigés pour la réparation de ce désastre ? L'abbé commendataire, effrayé des dépenses que lui devait occasionner la prochaine translation
des reliques de saint Thierry et de saint Théodulphe dans les nouvelles
châsses, construites avec l'argent monnayé trouvé au décès de dom Commelas,
prétendait que tout le revenu de l'abbé et du couvent devait être « asserté »
à ces réparations ; et, le 23 novembre 1621, il faisait sommer les religieux de
contribuer de leur tiers pour la réédification du clocher. Naturellement les
religieux résistèrent à une pareille prétention, « leur droit n'ayant aucune
difficulté », et l'abbé dut se désister de toute poursuite.

Les travaux de restauration furent exécutés avec promptitude. Quand ils
furent presque achevés, messire Paul Bailly songea à opérer la translation en
des châsses neuves des reliques des bienheureux patrons du Mont-d'Hor, et
pour donner plus d'éclat à la cérémonie, il se crut autorisé, en sa qualité
d'aumônier du roi, d'en offrir la présidence d'honneur à la reine Anne d'Autriche. Il n'avait pas d'ailleurs à redouter un refus. Deux ans auparavant, en
1630, sur l'invitation expresse de l'abbé, le roi Louis XIII avait séjourné deux
fois de suite au monastère, une fois pendant huit jours, une autre fois pendant quinze jours, et n'avait quitté qu'avec peine cette hospitalière abbaye.
Nec nisi ægre discessit, dit le P. Cottron (2). La reine de France ayant accepté
cette présidence, la translation eut lieu le dimanche treizième jour du mois de
juin 1632. Anne d'Autriche présida la cérémonie. Henry Clausse, évêque de
Châlons, officia pontificalement. Après l'office, l'abbé commendataire reçut
la reine de France « dedans le logis abbatial ». « Plust à Dieu que les depenses
y employées eussent été pour l'ornement des saintes châsses, qui se fussent
trouvées encore une fois plus magnifiques qu'elles ne sont, bien qu'elles
soient passablement ornées » (3) !

Cette dernière réflexion du *Livre du Monastère*, qui est plutôt une critique
mal déguisée qu'une plainte, permet de soupçonner l'opposition sourde
existant entre les intérêts de l'abbé et ceux de la mense conventuelle. D'autres
événements vont se produire qui la rendront plus évidente. Les moines du
Mont-d'Hor possédaient depuis plusieurs siècles, à Reims, rue du Marc, une
maison de grande étendue, portant le nom de « Metz de Saint-Thierry ». Elle

(1) *Livre du Monastère.*
(2) Le distingué bibliothécaire de Reims, M. Jadart, a publié, sur ces visites de
Louis XIII à Saint-Thierry, une savante brochure et il fixe la date de ces visites à
l'année 1641 ; le P. Cottron, dans son *Chronicon*, leur assigne l'année 1630. Le *Livre
du Monastère* ne cite aucune date.
(3) *Livre du Monastère.*

leur servait de refuge en temps de trouble. Or, le 25 octobre 1623, cette maison avait été aliénée par les anciens religieux, dont les ressources, épuisées par les exactions de la commende, s'étaient trouvées fort restreintes. Ceux-ci ne tardèrent pas à comprendre la faute qu'ils avaient commise en se dépossédant de « ce lieu capable de retirer de grandes commodités ». Sur les instances de messire Paul Bailly, qui, lui aussi, appréciait ces commodités, ils se résolurent à « la retirer ». L'abbé commendataire, d'ailleurs, s'offrit de payer, par moitié, les frais d'acquisition et de procédure. Des diligences furent faites pour mener l'affaire à bonne fin : mais la bonne volonté des moines se heurta contre les « langueurs du palais, par la mauvaise intelligence qu'il y pouvoit avoir eu » (1). Après plus de dix ans d'attente, les nouveaux religieux se décidèrent à agir avec promptitude, pour mettre fin à une si lente action judiciaire. Ils obtinrent des anciens la rétrocession de leurs droits, et ils n'attendaient plus que le prononcé du jugement en leur faveur, quand « le respect de M^r l'abbé s'estant entremis les a arretes, et il a fallu, par plusieurs considerations luy remettre tout entre les mains pour en faire ce que bon luy sembleroit » (2).

Nous aurions le droit d'être étonné de cette façon d'agir de messire Paul Bailly, étant donnée l'appréciation tout élogieuse qu'a faite de cet abbé le P. Cottron, dans son *Chronicon*, appréciation que nous avons reproduite plus haut. Le *Livre du Monastère* reconnaît lui aussi que Paul Bailly avait « le fond de l'âme portée à la piété, qu'il vivait en bonne réputation et approchoit souvent des sacrements, qu'il avoit fondé quelques devotions a l'honneur du Très Saint-Sacrement de l'autel avec les anciens religieux, dès l'an 1625, pour l'entretien de laquelle il avait chargé son fermier general de donner tous les ans douze livres ». Il ajoute encore que « les pauvres de la terre de Saint-Thierry ont subject de le regretter car il faisoit distribuer tous les ans aux plus nécessiteux cinq septiers de bled et plus de trois cents livres pour les secourir en diverses actions de piété ». Il avoue enfin, que « la bonne conscience de M^r l'abbé luy a fait prononcer l'union de ceste abbaye a nostre congregation pour y oster le desreglement qu'il y appercevoit. Mais, pour les qualités de son esprit elles estoient assez médiocres et semble que de ce deffaut procedoit certaine preoccupation trop grande de quelques valets sur lesquels il s'appuyoit pour la conduite de ses affaires, lesquelles n'en alloient pas mieux » (3).

C'est à l'instigation de ces valets que l'abbé commendataire fit couper au *Bois du Pré* plus de « cinquante mille livres d'arbres », et qu'en mourant, « il laissa les batiments des lieux réguliers en très mauvais ordre ». C'est aussi « à leur espargne trop grande qu'est düe, en majeure partie le désastre qui faillit détruire, en 1638, le 18 may. l'abbaye entière ». Ce jour-là, la foudre était tombée sur l'église abbatiale et avait mis le feu à la pointe de la flèche

(1) *Livre du Monastère.*
(2) *Livre du Monastère.*
(3) *Livre du Monastère.*

du petit clocher. La foule, qui était accourue pendant toute la nuit de Reims et des environs, était d'avis qu'on renversât immédiatement ce petit clocher à l'aide des crocs apportés de la ville, afin de circonscrire l'incendie. Mais « les agents de monsieur l'abbé, s'y opposerent, espérant que ce feu s'estiendroit sans qu'il fut besoing de coupper et renverser le clocher : ce qui causa la désolation entière de toute l'église » (1). Bien plus, quand il s'agit des réparations, messire Paul Bailly, après avoir réparé la couverture pour éviter la ruine des voûtes, refusa de faire rétablir les lambris et le clocher du chœur, détourné qu'il en fut par « quelques uns de ses domestiques qui lui firent commencer un bastiment inutil *(sic)* a Nuicternay (2), qui est demouré imparfait » (3). C'est sous cet abbé commendataire et avec son consentement et celui du curé de Saint-Thierry, que les habitants de Pouillon obtinrent, le 9 avril 1644, de l'Archevêque de Reims, Éléonor d'Étampes, l'autorisation de construire une chapelle sous le vocable de Notre-Dame-de-Bon-Désir, dont la fête serait célébrée au jour octave de la Visitation, à la condition toutefois qu'ils auraient des ressources suffisantes pour l'entretien de cette chapelle, dans laquelle ils seraient autorisés uniquement à conserver le Saint Sacrement et l'huile des infirmes.

Atteint d'une maladie de langueur, Paul Bailly résigna son abbaye en faveur de six neveux, fils de son frère, Charles Bailly, son prédécesseur. Il mourut à Charenton et fut enterré dans l'église des Carmes déchaussés. Son cœur, toutefois fut apporté à Reims pour être déposé dans l'église de Saint-Thierry. Par son testament olographe, daté du 13 octobre 1648 et déposé chez Cousinet, notaire au Châtelet de Paris, il léguait « à la sacristie deux chasubles completes en broderie à deux anvers *(sic)* et deux aubes; à la bibliothèque, tous ses livres. Pour son anniversaire, il a fondé 20 livres de rente annuelle, ou bien l'augmentation de son jardin, qu'il a fait par trois acquisitions » (4).

Le P. Cottron nous a conservé, dans son *Chronicon*, l'épitaphe, d'un style assez ampoulé, inscrite sur le monument qui contenait le cœur de Paul Bailly. Nous la reproduisons intégralement, malgré sa longueur :

CLARISSIMI
PAULI BAILLY
SPIRITUS
COELORUM SERENA CEPIT ITER VIA.
COR
INTAMINATIS FULGET HONORIBUS
ETIAM IN TUMULO
PER
LONGAM AVITÆ NOBILITATIS SERIEM

---

(1) *Livre du Monastère.*
(2) Actuellement Luthernay.
(3) COTTRON, manuscrit français.
(4) *Livre du Monastère.*

MAJORE SAPIENTIA AUXIT.
AMPLITUDINEM DIGNITATUM
VIRTUTE CLARIORE
SUPERAVIT.
COMMENDATAM SUÆ FIDEI
MONTIS AUREI ABBATIAM
PATERNO STUDIO
ADMINISTRAVIT;
CHARITATE NON FICTA
ILLUSTRAVIT
ABBAS AUREA OETATE DIGNUS.
DISCIPLINAM IBIDEM ASCETICAM
PER SAMMAUREOS MONACHOS
AB INTERITU
AD PRIMIGENIUM DECUS REVOCAVIT
REFORMATOR IMMORTALITATE DONANDUS
SANCTI THEODERICI RES PROECLARE GESTAS
E TENEBRIS
IN LUCEM ASSERUIT,
SCRIPTOR CEDRUM PROMERITUS.
SANCTI THEODULPHI SACRA PIGNORA E SITU ET PULVERE
IN THECAM ARGENTO GRAVEM REPOSUIT
EXORNATOR MAGNIFICUS.
DEMUM QUI SANCTORUM VIRTUTES SEDULO
IMITATUS FUERAT
AD EORUM GLORIAM PROFECTUS EST
DIE... FEBRUARII 1649
ET QUI MONACHIS AMOREM IMPENDERAT
IN EORUM MANIBUS ATQUE SINU
AMORIS FONTEM ET SEDEM
COR
DEPOSUIT
TRANSI, VIATOR
SATIS
TANTI VIRI AGNITIO
QUID SIBI INCUMBAT
INTELLIGIT.

§ XI. — Guillaume Bailly.

Fils de Charles Bailly, frère du défunt abbé, Guillaume Bailly obtint la commende de l'abbaye du Mont-d'Hor en vertu de la résignation de son oncle Paul, faite en 1648 et agréée par le pape Innocent X, le 25 février de l'année suivante. Il en prit possession par procureur, le jour même, et l'acte en fut rédigé par Mimin, notaire apostolique. Guillaume Bailly termine la liste des abbés commendataires proprement dits : A sa mort, en 1695, le monastère de Saint-Thierry sera uni à la mense archiépiscopale de Reims.

Avocat général au grand conseil du Roi, Guillaume Bailly était seulement âgé de 26 ans quand il fut nommé abbé commendataire. C'était, au dire du

P. Cottron, un homme de grand esprit et des plus éloquents (1). Les Religieux, néanmoins, l'accueillirent avec une certaine défiance et sans enthousiasme. « Ce jeune homme, lisons-nous au *Livre du Monastère*, faict espérer beaucoup de son esprit s'il se porte au bien, et l'on a subject de le souhaiter, car l'on ne ressent que trop souvent combien les abbés commendataires, qui sont de pratique, sont processifs, entreprenants, pour l'expérience qu'ils ont des formalités de Justice » (2).

Les événements se chargèrent de justifier les craintes des bons Religieux.

La guerre civile, les guerres religieuses, qui de 1648 à 1654 avaient eu principalement pour théâtre les régions du Nord, avaient accumulé les ruines en l'abbaye du Mont-d'Hor. A plusieurs reprises, celle-ci avait été totalement bouleversée par la soldatesque ennemie « qui ne prenoit loy que de sa volonté » (3), ses dépendances brûlées et saccagées, et les Religieux avaient dû se disperser çà et là, soit à Reims, soit à Saint-Faron-de-Meaux. Guillaume Bailly, qui, pendant cette période de trouble et de pillage, habitait Paris, s'était, sans doute, absolument désintéressé de la situation lamentable du monastère dont il avait la garde. Sa présence à l'abbaye n'est signalée, à cette époque, à Saint-Thierry, ni par le chroniqueur, ni par le « Livre du Monastère ». Nous allons toutefois, le voir entrer en scène, non pour remédier au mal, mais pour l'aggraver par d'exorbitantes exactions.

Malgré les concordats passés entre Messire Paul Bailly et les supérieurs majeurs, au temps de l'union du monastère à la Congrégation de Saint-Maur, les droits et les obligations réciproques de la mense abbatiale et de la mense conventuelle n'avaient pas à ce point été précisés qu'il n'y eut place pour la chicane. Différentes difficultés avaient déjà surgi à ce sujet, qui avaient été, sans trop de peine aplanies par la bonne volonté des uns et des autres. Une difficulté plus grave, en 1652, qui ne put recevoir sa solution que quelques années plus tard, donna aux religieux l'occasion d'apprécier l'intransigeance de l'administration du nouvel abbé commendataire.

Ces derniers, à la mort de Paul Bailly, n'avaient pas voulu, par respect pour la personne de leur abbé « qu'ils ne vouloient pas choquer de prime abord » (4), faire valoir leurs droits, incontestables d'ailleurs, et intenter une action contre ses cohéritiers pour obtenir la réparation des ruines qui « restoient du temps de feu Messire Paul Bailly » (5). Mais ces ruines s'étant multipliées à la suite des guerres, comme nous venons de le dire, ils crurent le temps venu pour eux d'introduire une action en revendication. Après mûre délibération, ils font saisir les meubles « du dict abbé deffunt contre ses héritiers », exigent la restitution des grandes quantités de bois que celui-ci a fait abattre au « bois du Pré » pour la réfection du monastère, de la ferme

---

(1) Cottron. Manuscrit français.
(2) *Livre du Monastère :* à la date.
(3) *Livre du Monastère :* à la date.
(4) *Livre du Monastère :* à la date.
(5) *Livre du Monastère :* à la date.

de Luthernay : en même temps ils intentent un procès à la Chambre des Requêtes du Palais pour faire condamner ces héritiers aux réparations. L'affaire traîne en longueur par suite des influences dont jouissait la famille des Bailly à la cour. Entre temps, Guillaume Bailly, qui, sans doute, reconnaît le bien-fondé de ces réclamations, mais n'oublie pas les droits de sa mense abbatiale, intente, de son côté, au tribunal de la *Table de Marbre* du Palais, un procès à ces mêmes héritiers, obtient, au bout de quelques jours, un arrêt ordonnant que les *bois* saisis soient tout entiers remis en sa possession pour les réparations de son « logis abbatial » et fait signifier brutalement cet arrêt aux Religieux.

Ceux-ci, naturellement, s'opposèrent à l'exécution du jugement de la Table de Marbre, arguant de l'instance pendante en la Chambre des Requêtes. Guillaume Bailly passe outre à ces observations, et, sans commission aucune, enjoint au sergent royal de Reims, Jacques Le Grand, de prêter main-forte à ses gens, Etienne Lancelot dit Joyeux et autres valets, pour enlever de gré ou de force et nonobstant toute opposition, le bois et le transporter en la maison abbatiale.

Le sieur Joyeux et les valets de l'abbé qui « n'ignoroient point l'aversion et le mal talent que leur maître avoit contre la sainte Religion et les religieux, particulièrement contre ceux de son monastère » (1) rivalisèrent de zèle pour lui donner, en cette affaire toute satisfaction. Joyeux groupe autour de lui une troupe de gens tarés qui seront pour lui d'excellents témoins, au cas où il y aurait des responsabilités à encourir, et tous, sous la conduite du sergent Jacques le Grand, se dirigent vers le monastère. Si nous nous en rapportons à l'annaliste, la troupe était digne du chef, et ceux qui la composaient n'étaient pas hommes à reculer devant l'infamie d'un faux témoignage. Voici, d'après le *Livre du Monastère*, le nom de ces malandrins : (2) Fasin, second du sergent le Grand, convaincu « de volerie et d'assassinat » ; Oudin Fleury, dit Saint-Laurent, forestier de l'abbé, assassin du garde de Mme de Saint-Pierre, lequel forestier « ramenoit du camp des Lorrains les bestiaux d'un des censiers de la dite Dame, qui luy avoient esté pris par les dits Lorrains » ; Jean Gillet, berger du sieur abbé, « homme passager et incognu dans le païs » ; Pierre Thierry, de Merfy, et Hubert Pothier, de Saint-Thierry, tous deux mendiant leur vie de porte en porte ; Sébastien Merlet, de Merfy, auquel les religieux ont autrefois intenté procès « pour avoir voulu soulever les peuples à piller les bleds de l'aumosne » ; Hubert Barrois, portier du logis abbatial, « convaincu d'avoir mangé et d'avoir faict manger chez soy de la viande aux jours deffendus, vendant du vin, au reste convaincu de volerie ».

Donc, à la tête de cette noble escorte, le sergent le Grand et l'agent Joyeux pénètrent dans le monastère et se dirigent immédiatement vers l'Eglise où ont été enfermés, en partie, les bois en question. Or, précisément, c'est

---

(1) *Livre du Monastère* : à la date.
(2) *Livre du Monastère* : à la date.

l'heure de la grand'messe. Déjà les cloches ont sonné le premier coup et nombreux sont les habitants de Saint-Thierry, venus pour assister à l'office. Qu'à cela ne tienne! Joyeux n'en est pas à son premier coup d'essai. Immédiatement le sergent royal fait sauter les serrures de la porte d'entrée que les Religieux ont fermée à l'approche de la horde ; tous pénètrent bruyamment dans la grand'nef et dispersent avec brutalité les habitants apeurés. Les coquins agissent ainsi afin « qu'il n'y ait point de tesmoings de leurs déportements, et pour faire avec liberté tels procès-verbaux que bon leur semblera » (1). Toutefois, sachant leur cause mauvaise, ils essaient de mettre le bon droit de leur côté. La chose est facile : la calomnie ne coûte rien à cette misérable valetaille et Joyeux est retord.

Donnons ici un extrait, délicieux de naïveté, du *Livre du Monastère* :

« Joyeux, ayant tiré Dom David (un des religieux) à l'escart, et luy ayant parlé en particulier quelque espace de temps, sans que personne fust entendu de quoy il lui parloit, se tourna vers tout ce monde, qui travailloit à enlever le bois, criant comme un enragé par plusieurs fois contre Dom David : « Tenez, tenez, disoit-il, il dit que le père de Monsieur l'abbé auroit esté pendu, sinon une certaine personne. » Dom David réclama aussitôt et protesta de n'avoir point dit de telles choses et qu'il ne cognoissoit pas le père de M. l'abbé. Au mesme temps le père prieur rep.it ledit Joyeux d'imposer de telles calomnies à un religieux prestre et de mener un tel bruit dans l'Eglise. Alors Joyeux porta les deux poings en l'estomach du père prieur par plusieurs fois et luy imposant, au contraire, calomnieusement de l'avoir frappé, quoique plusieurs personnes, qui estoient présentes, eussent veu que c'avoit esté luy qui avoit frappé le père prieur. Il s'advisa néanmoins après s'estre pourmené en l'Eglise bien près d'une demy heure, de s'en aller à sa chambre au logis abbatial, et pour donner quelque couleur à ceste imposture, d'ensanglanter son mouchoir, et en ressortant de la chambre, le montrer à chacun, disant : voilà comme le père prieur m'a accommodé. Il se servit de ceste troisième fourberie pour faire croire qu'en effect il avoit esté frappé » (2). Et le *Livre du Monastère* ajoute avec une certaine teinte de mélancolie : « Il n'y a point d'innocence, si entière soit-elle, qui se puisse tenir asservie et exempte de blasme venant parmi les malicieux et pervers » (3).

Outrés de pareils procédés, les Religieux s'adressèrent au lieutenant criminel de Reims qui assigna le Grand et Joyeux à son tribunal. Pour décliner toute responsabilité et éluder cette assignation toute personnelle, encouragé d'ailleurs par l'exemple de Guillaume Bailly, qui lui-même avait fait emprisonner pendant vingt-quatre heures son procureur fiscal, chargé de la garde des bois en litige. Maître Paul Michel, parce qu'il le soupçonnait d'être l'ami des religieux, Le Grand et Joyeux adressèrent à Guillaume Bailly une requête sous forme d'informations, que Le Grand avait lui-même

(1) *Livre du Monastère :* à la date
(2) *Livre du Monastère :* à la date.
(3) *Livre du Monastère :* à la date.

fabriquée, et que les faux témoins sus-mentionnés avaient signées. L'abbé commendataire s'empressa de remettre cette requête au lieutenant de la Table de Marbre, François de Chalinvau. Ce dernier, oubliant qu'il était incompétent en matière de jugement contre des Religieux et leurs supérieurs, sans se préoccuper de la frivolité des plaintes renfermées dans la requête, ni de la valeur morale des témoins qui les formulaient, lança immédiatement un décret de prise de corps contre le prieur du monastère et Dom David.

Le sergent royal, muni de ce décret, se met aussitôt en besogne. Le 28 février 1652, il se fait accompagner de son gendre Hubert, aussi sergent, se met à la tête des hommes que Joyeux a racolés, pénètre, le blasphème à la bouche dans le monastère, nonobstant l'appel interjeté par les Religieux contre les décrets de la Table de Marbre, malmène le portier de l'abbaye et les autres serviteurs, enfonce les portes du dortoir, arrête le Prieur et Dom David, les entraîne de force dans la loge de la maison abbatiale, où ils sont gardés étroitement jusqu'au lendemain : puis voulant récompenser ses complices, il les autorise à mettre le monastère à sac et à pillage.

Le lendemain, 29 février, les deux malheureux religieux, emmenés sous bonne escorte dans une charrette, sont enfermés « dans la prison de la vicomté de Reims, prison ordinaire des filles et femmes débauchées, au grand opprobre de la religion et du sacerdoce » (1).

Informé du fait, le Chapitre de Notre-Dame fit faire une enquête, puis envoya deux de ses membres au chanoine Chuffet, grand vicaire de Guillaume Bailly et à Nicolas Brunet, procureur dudit Guillaume, qui, tous deux, avaient donné l'ordre d'incarcération, pour leur exprimer « le ressentiment qu'il avoit de voir traiter des prêtres avec tel opprobre » (2). Typique fut la réponse du sieur Chuffet : « Les Religieux, dit-il, n'en sont pas où ils pensent : ils ne sont pas encore au bout, et on leur apprendra à s'attaquer à notre maistre » (3).

Les prisonniers toutefois, n'étaient pas décidés à se laisser faire. Par l'entremise du prieur de Saint-Remy, ils adressèrent une requête au présidial de Reims pour obtenir d'être transférés dans un monastère de la ville ou dans tout autre lieu décent. Les membres du tribunal déclarèrent à l'unanimité, après plaidoirie de M⁰ Godinot, qu'ils réprouvaient les violences exercées contre les Religieux. Même l'avocat de Joyeux, M⁰ Lempereur, gendre de M. Audry, lieutenant de ville, ne voulut rien dire, en son plaidoyer, qui fut en faveur de son client et au préjudice des plaignants. Mais le lieutenant général, homme politique qui craignait de mécontenter les uns et les autres, hésitait à prononcer la sentence, et conserva pendant dix jours le prieur et Dom David dans ce lieu infâme. Enfin le jugement fut rendu conformément à la demande de ces derniers et leur transfert fut ordonné en leur propre prison.

(1) *Livre du Monastère.*
(2) *Livre du Monastère.*
(3) *Livre du Monastère.*

Joyeux dut s'incliner. Il informa aussitôt les deux prisonniers qu'il leur aissait « la voye libre » pour se rendre au lieu désigné par l'ordonnance des juges. Il croyait sans doute, par cette minime concession, être quitte de tout ennui et s'imaginait pouvoir ainsi éluder la citation personnelle à lui faite devant les magistrats du Présidial de Reims.

En cela il se trompait grandement.

Le supérieur général de la Congrégation ayant pris l'affaire en mains sollicita du Parlement de Paris l'élargissement de ses deux subordonnés. Sur le rapport favorable de M. Prévost, conseiller à la grande Chambre et abbé de Colombes, cet élargissement fut immédiatement accordé; bien plus, par arrêt du 5 mars, ce même supérieur était autorisé à informer au sujet de l'affaire « nonobstant les clameurs et sollicitations du père » (1) dudit abbé.

Heureux de cette solution toute à leur honneur, les religieux du Mont-d'Hor se hâtèrent d'en avertir le fameux Joyeux et son complice Jacques le Grand; puis ils les assignèrent devant la Cour « pour procéder sur les interpellations » (2); en même temps ils prièrent le lieutenant criminel de Reims de se rendre au monastère pour dresser procès-verbal « des bris, ruptures et fractions de portes et autres voies de fait » (3) et aussi pour s'enquérir des violences commises envers leurs personnes et envers leurs serviteurs, contrairement à toute justice et à toute équité. Puis le prieur et Dom David se rendirent à Paris pour comparoir en personne devant la Cour, rendre compte de leur situation à leurs supérieurs majeurs, et poursuivre l'affaire.

Étonné de la résistance des Religieux et effrayé des responsabilités qu'il avait encourues, Lancelot dit Joyeux se présenta devant la Cour pour se justifier. La raison qu'il invoquait pour être déchargé de l'affaire était que le sieur abbé s'était servi de son nom pour exécuter tout ce qu'on lui reprochait à lui personnellement.

En présence de cette déclaration, Guillaume Bailly comprit qu'il était de son intérêt d'entrer lui-même en scène et de partager les responsabilités de son serviteur. L'affaire entra alors dans une phase décisive.

Forts de leurs droits, les Religieux signifient à leur commendataire l'élargissement du prieur et de Dom David, et le citent personnellement pour avoir à répondre devant les tribunaux, touchant les appellations. Eux-mêmes choisissent comme avocat M. Pucolle et constituent Me Lainier comme procureur devant agir au nom du supérieur général. Puis, pour que l'affaire ne soit pas traînée en longueur, ils demandent, par placet, au président de la Tournelle, Me Demayson, d'inscrire le procès au rôle pour le samedi suivant. Ce qui leur fut bienveillamment accordé. Malheureusement les mouvements politiques, qui à cette époque jetaient le trouble dans la capitale, forcèrent les deux Religieux à rentrer dans leur monastère, et la plaidoirie fut remise *sine die*.

---

(1) *Livre du Monastère :* à la date.
(2) *Livre du Monastère :* à la date.
(3) *Livre du Monastère :* à la date.

L'année suivante, 1652, Guillaume Bailly, sachant que les supérieurs majeurs se disposaient à le recuser au grand Conseil, parce que juge et partie, leur demanda par Me Martinet, son avoué-conseil, d'entrer en composition. Réponse lui fut faite que l'entente ne pourrait se faire qu'autant qu'il consentirait à avouer que l'emprisonnement des deux Religieux avait été « injurieux, torsionnaire et déraisonnable (1) » et à faire lever l'écrou. Cette condition fut acceptée par Me Martinet : mais Guillaume Bailly le désavoua ; ce désaveu entraînait logiquement la remise du procès.

Les pourparlers furent repris, cependant, au commencement de l'année 1653. Les Religieux n'ayant pas varié dans leurs appréciations, Me Martinet souscrivit, une seconde fois, aux conditions imposées par eux ; une seconde fois il fut désavoué par l'abbé commendataire qui se savait « fort du support qu'il a dans le Parlement, à cause de la grande multitude des parens qu'il y a » (2). Exaspérés, les supérieurs de la Congrégation demandèrent le renvoi du procès devant un autre parlement et en confièrent la poursuite à Me de Breseint, conseiller au grand Conseil, le chargeant en qualité d'arbitre, de terminer ce procès « ainsy qu'il verroit estre d'équité et de justice sauf l'honneur de la religion ».

Cet interminable procès reçut enfin une solution définitive le 5 mars 1653. Un arrêt du Conseil décida que serait « biffé » l'écrou d'emprisonnement du Prieur et de Dom David, mais que cet emprisonnement ne serait déclaré ni injurieux, ni tortionnaire. Fatigués de ces débats si peu en harmonie avec le calme de la vie monastique, les Religieux acceptèrent ce jugement sans protestation. Les frais du procès s'étaient élevés pour eux à la somme de dix-huit cent livres.

Guillaume Bailly, de son côté, n'était pas fâché de voir la fin de toutes ces procédures. Pour y couper court de façon définitive, il consent à transiger avec les Religieux pour les réparations grosses et minimes de l'église abbatiale et des lieux réguliers. Il est convenu d'un commun accord que les Religieux seront seuls responsables, à l'avenir, de ces réparations et que l'abbé commendataire leur paiera, chaque année, la somme de dix mille livres, la cotte morte des anciens Religieux, dix gros chênes, dix poutres en fer et six trembles de même qualité.

On est en droit de se demander comment s'est terminé le procès intenté par les Religieux aux héritiers de Paul Bailly, à propos du paiement des réparations, des ruines occasionnées au monastère par la négligence du défunt abbé.

Après de multiples péripéties, ce procès fut envoyé au Parlement de Bretagne, et, le 29 mars 1659, la cour de Rennes rendait un décret par lequel (3) « les héritiers de defunct Messire Paul Bailly, conseiller du roy en ses conseils et abbé commendataire de Saint-Thierry au Mont-d'Or-lez-Reims, ordre de

(1) *Livre du Monastère.*
(2) *Livre du Monastère.*
(3) La minute de ce jugement se trouve à la Bibliothèque de Reims.

Saint-Benoit, congrégation de Saint-Maur, sont condamnez pour faire les réparations de ladite abbaye et ses dépendances ».

L'acte mentionne les noms de ces héritiers : nous en donnons ici la liste, à titre de documentation ; ainsi nous apprécierons l'influence dont jouissait Guillaume Bailly au Palais, ainsi seront justifiées les appréhensions des Religieux et leurs défiances.

Pierre Bailly, écuyer, sieur de la Berchère, « conseiller et maistre à l'Hôtel ordinaire du Roy ; Madeleine Bailly, veuve de Jacques de Varsan, conseiller, trésorier des parties casuelles ; Christine Bailly, veuve de Mathieu Bourlon, maître à la cour des comptes ; Christine Loysel, bénéficiaire par Anne Bailly, sa mère ; de Loysel, religieuse professe ; Claude Jolly, chanoine de Paris, tuteur des enfants d'Antoine Loysel, petit-fils d'Anne Bailly ; Paul de Garsenlan, écuyer, fils de Anne Bailly.

Bien que formellement condamnés, ces héritiers cherchèrent par mille moyens à éluder la rigueur de la sentence ; « ils avaient toutes les peines du monde à la mettre à exécution » (1). Enfin une transaction eut lieu avec le P. Gaspard Martinet, sous-prieur de Saint-Germain-des-Prés et procureur de l'abbaye du Mont-d'Or, en vertu de laquelle la somme à payer fut fixée à 10,500 livres, dont 7,500 livres seraient consacrées aux réparations et le reste au paiement des frais du procès.

On pourrait croire que la transaction passée entre Guillaume Bailly et les Religieux et dont nous avons parlé plus haut aplanit entre eux toutes difficultés. Il n'en fut rien cependant. Plusieurs fois ces difficultés faillirent renaître. Ainsi en 1660 les « dixmeurs de l'abbé commendataire voulurent percevoir la dime sur les terres du Moulin de Maco, qui en étaient exemptées en vertu d'un concordat passé en 1627 avec Paul Bailly. Mais une sentence par forclusion fut rendue le 5 juin 1660, en faveur des Religieux et de leur meunier, par M. Audry, bailly de Saint-Thierry. Deux jours plus tard, en vertu d'une sentence émanant du grand Conseil, à la date du 7 juin, les Religieux étaient condamnés à payer une pension congrue de 300 livres, au curé d'Orainville, pour le service d'Orainville et de Bertricourt. Toutefois un arrêt provisionnel du président de Reims autorisait ces mêmes Religieux à avoir recours contre le comte de Roucy qui possédait la moitié des deniers de Bertricourt. Celui-ci fut assigné au grand Conseil en paiement de la moitié de la somme à donner au curé d'Orainville et, au cas d'un refus de sa part, les Religieux exigeaient qu'il exhibât ses titres d'inféodation, s'il ne voulait pas être considéré comme usurpateur. Au moment où la sentence allait être rendue en faveur de l'abbaye, Guillaume intervint pour son compte personnel, « prétendant les deux tiers du retrait » (2).

Le comte de Roucy profita de cette intervention pour évoquer la cause à un autre Parlement, invoquant comme prétexte la grande influence dont jouissait l'abbé commendataire au Parlement de Paris, à cause de sa parenté.

(1) *Livre du Monastère.*
(2) *Livre du Monastère.*

Les Religieux, de leur côté, considérant cette intervention inattendue comme frauduleuse, réclamèrent devant les juges du grand Conseil, au sieur abbé, le tiers de cette dîme. « C'estoit, dit le *Livre du Monastère,* un bon moyen pour terminer vingt procès ou environ, que ledit sieur abbé avoit entrepris contre nous depuis le mois d'octobre 1659 » (1).

Définitivement assagi par ces oppositions des Religieux bien décidés à défendre leurs droits jusqu'au bout, Guillaume Bailly voulut une bonne fois mettre un terme à tous les différends existant entre la mense abbatiale et la mense conventuelle. Le 30 août 1664, par concordat authentique passé devant Me Dumas, il reconnait que l'ancien domaine des religieux et des offices claustraux est exempt de toute dîme envers lui. Poussant plus loin sa générosité, il déclare exempte de dîmes la ferme d'Origny achetée autrefois par les religieux, leur concède la terre et seigneurie d'Athies, près Péronne, avec le droit de présentation aux cures qui en dépendaient, et les droits de foire et la seigneurie de Surienne et de Montberger, dans la vallée de Bourcq, près Vouziers.

En faisant de pareilles libéralités, auxquelles l'abbaye n'était pas jusqu'ici accoutumée, Guillaume Bailly prévoyait-il ce qui devait lui arriver trois mois plus tard et voulait-il par ce moyen gagner la bienveillance des bons moines ? Nous ne savons. Toujours est-il que sur la fin de décembre de la même année, l'abbé commendataire fut relégué, par ordre de Louis XIV, en l'abbaye du Mont-d'Hor, pour avoir critiqué trop librement les actes du ministre d'Etat. Cet exil dura jusqu'au mois de septembre de l'année 1664, à laquelle date Guillaume Bailly fut rappelé à Paris. Pendant son séjour sur la montagne de Saint-Thierry, les Religieux s'efforcèrent d'adoucir les amertumes de son éloignement de la capitale, en le comblant de prévenances et d'honneur. « Ces prévenances et ces honneurs n'empêchèrent pas son esprit processif de créer à ses hôtes quelques difficultés. Ainsi, par exemple, et contrairement à la transaction antérieurement conclue, il chicana sur le volume des bois qu'il devait annuellement livrer ; au lieu de donner des chênes et des trembles de dix pouces de diamètre, équarrissement compris, mesure qu'il avait toujours respectée, il ne consentit plus à livrer ces bois qu'à dix pouces de diamètre avant équarrissement, ce qui les réduisait, équarris, « à quatre pouces ».

« A moins d'entreprendre un procès (ce qui est toujours fascheux) il nous faudra passer à l'advenir par là », dit le *Livre du Monastère.*

Il est vraisemblable, cependant, que tout se passa à l'amiable, car nous voyons l'abbé commendataire accepter l'honneur d'être, avec sa belle-sœur, parrain de la plus grande des cloches bénites le 26 septembre 1666, par le R. P. Prieur, et offrir six mois plus tard en cadeau « une chasuble, deux tuniques avec leur étole et leur manipule, et trois belles chapes, le tout d'une belle moire d'or avec franges et gallon (sic) d'argent » (2).

A partir de 1666 jusqu'en mars 1695, le *Livre du Monastère,* en règle générale très prolixe, ne mentionne aucune difficulté surgissant entre l'abbé

(1) *Livre du Monastère :* à la date.
(2) *Livre du Monastère :* à la date.

commendataire et les Religieux. Ce silence de l'annaliste nous autorise à croire que désormais la bonne harmonie entre eux ne fut pas troublée. Quelques dons faits de ci de là par Guillaume Bailly au monastère rendent cette supposition vraisemblable. Ainsi, en 1671 ·cet abbé donne à la bibliothèque des Religieux l'importante collection des conciles, de Labbe ; en 1679, il accorde à la communauté la jouissance du clos de vigne situé près du lieu dit Fleuricour ; en 1692, il ratifie par acte public la donation qu'il a faite de ce petit clos et y ajoute la propriété des dîmes de Vanteley. Enfin, le prieur de Saint-Thierry, Dom Jean-François le Moyne, lui ayant représenté que les religieux de son abbaye, contrairement aux lois ecclésiastiques particulièrement en usage en France, ne recevaient pas leurs tiers dans les revenus de cette abbaye, Guillaume Bailly, « suivant les bons mouvements de sa conscience » (1), après avoir pris avis de son directeur, le Père de Sainte-Marthe, de l'Oratoire, et de Dom Pierre Mimin, son ami personnel, fit à tous « un supplément ». Même il avait dessein de faire homologuer tous les concordats passés avec la communauté, si la mort n'était venu le surprendre le 7 mars 1695. Le *Livre du Monastère* fait en quelques mots très significatifs l'oraison funèbre de cet abbé commendataire : *Messire Guillaume Bailly, conseiller du Roy en ses conseils, abbé commendataire de l'abbaye de Saint-Thierry, est décédé à Paris, le septiesme de mars 1695. Son corps repose dans l'église des RR. PP. Carmes deschaussés, à Charenton. Il estoit âgé de 77 ans. Nous avons eu beaucoup à souffrir de cet abbé dans le commencement de son administration ; mais sur la fin de ses jours il s'est beaucoup radouci et en a usé avec nous avec un peu plus de modération. Il estoit fort charitable et a fait de grandes aumônes aux pauvres* (2). Un mois après la mort de Guillaume Bailly, le 2 avril 1695, Messire Charles-Maurice Letellier, archevesque, duc de Reims, était nommé par le roi Louis XIV, abbé commendataire de l'abbaye du Mont-d'Hor, et obtenait l'union de ce bénéfice à sa mense archiépiscopale.

DEUXIÈME PÉRIODE

§ I. — Mgr Charles Maurice Le Tellier.

Nous sommes arrivés à la seconde partie de notre travail. Les lecteurs ont pu se rendre compte, par les détails donnés dans les précédents articles, que la situation des religieux du Mont-d'Hor, sous les abbés commendataires proprement dits, n'avait pas été exempte de tracasseries multiples, peu en harmonie avec la tranquillité et la régularité de la vie monastique. Cette situation aurait dû, semble-t-il, s'améliorer sous les archevêques de Reims, supérieurs

---

(1) *Livre du Monastère :* à la date.
(2) *Livre du Monastère :* à la date.

spirituels des religieux, ayant, par conséquent, tout intérêt à voir l'abbaye dont ils avaient la commende, en parfaite sécurité pour assurer le bien général de la communauté, et la plus grande perfection des moines. Il n'en fut rien cependant, parce que les motifs qui avaient suscité tant de procès entre les religieux et les commendataires restèrent les mêmes sous les archevêques, je veux dire l'opposition irréductible entre les intérêts de la mense abbatiale et les intérêts de la mense conventuelle.

La période dont nous allons nous occuper, commence au 2 avril 1695, date du brevet de Louis XIV, par lequel Sa Majesté donne « à Messire Charles Maurice Le Tellier l'abbaye, accoutumée estre tenue en commende, de S¹ Thierry, pour le titre en estre supprimé et les revenus de la mense abbatiale unis à perpétuité à l'archevêché de Reims » (1), et elle se termine le 22 février 1777, à laquelle date fut insinué et contrôlé au greffe des Insinuations Ecclésiastiques de Reims, le brevet du roi Louis XVI permettant la suppression du monastère de Saint-Thierry. Elle comprend donc un espace de quatre-vingt-deux ans.

Le brevet du grand roi (2) nous indique les raisons du changement de la commende à l'abbaye du Mont-d'Hor. Il y est dit que l'union de la mense abbatiale à l'archevêché de Reims est faite en réparation du préjudice causé à cet archevêché par l'érection de l'évêché de Cambrai, et par la distraction, en vertu de cette érection, des évêchés d'Arras, de Tournay, de Saint-Omer et d'Ypres. Egalement sont indiquées les conditions dans lesquelles devra se faire cette union. « Elle ne devra pas porter préjudice à la mense conventuelle des religieux et au service divin. De plus, lors de la vacance dudit archevêché par mort, résignation, permutation, coadjutorerie avec future succession ou autrement, les fruits de la dite abbaye appartiendront, pour la première année de chaque vacance aux prévôt, doyen, chantres, chanoines et chapitre de l'église métropolitaine de Reims pour acheter des chapes et autres ornements. »

Or, quels étaient les revenus de la mense abbatiale ainsi réunie à l'archevêché de Reims ? L'archevêché de Reims, dit Poinsignon, ne valait guère plus de 5,500 livres; encore était-ce depuis que le roi, pour faire droit aux instances de Le Tellier et le dédommager de la perte de Cambrai, avait joint au revenu de l'archevêché celui de l'abbaye de Saint-Thierry qui était de 12,000 livres (3). Ces renseignements sont assez vagues.

Un bail (4) passé en 1692 pour neuf ans, à commencer du 1ᵉʳ janvier 1693 est plus explicite. Y sont énumérées les différentes sources des revenus de la mense abbatiale de Saint-Thierry. Ce revenu consiste :

1° Dans les censes de Trigny, de Luthernay et de la Basse-Court;

2• Les grosses dîmes en vins et grains des terroirs de Saint-Thierry, la Cannetière, Merfy, Thil, Pouillon, Chenay, Châlons-sur-Vesle;

(1) Collection Saubinet, Bibliothèque de Reims.
(2) Collection Saubinet, Bibliothèque de Reims.
(3) Poinsignon, t. III, p. 209.
(4) *Archives de Châlons*, 79 à 81.

3° Les dîmes en grains de Villers-Franqueux ;

4° Une portion des dîmes en vins et grains d'Hermonville;

5° Les dîmes en foins de Saint-Thierry, Merfy, Thil, Pouillon avec les mêmes dîmes ;

6° La coupe des bois taillis des bois du Pré, de Cotteforay et des Grues avec les herbes desdits bois ;

7° Les censes, droits de bourgeoisie et droits de vente desdits terroirs de Saint-Thierry, Thil, Pouillon et Merfy, à la réserve des droits de vente des maisons de Rocquincourt, Toussicourt, Bailleux et les Marais ;

8° Les garennes et chasses aux lapins du terroir de Saint-Thierry et autres lieux circonvoisins en l'absence de M. l'Abbé;

9° Les pressoirs de Merfy et de Pouillon ;

10° La grosse du bailliage de Saint-Thierry;

11° Partie de la dîme de Courcy, laquelle était autrefois du gros du curé de Chenay et Merfy.

Le brevet royal stipulait enfin que l'archevêque de Reims et ses successeurs, ainsi que le chapitre de l'église métropolitaine renonceraient à tous les droits de juridiction métropolitaine et autres sur les archevêchés et évêchés dont il a été question plus haut.

Également, par acte passé le 15 avril 1695 devant deux notaires de Paris (1), Messire Charles-Maurice Le Tellier, tant en son nom que comme se faisant fort de son chapitre « renonçait pour lui et pour ses successeurs à tous les droits prétendus et à prétendre sur l'archevêché de Cambray et sur les évêchés d'Arras, de Tournay, de Saint-Omer et d'Ypres, donnait main-levée de l'opposition qu'il avait formée à l'expédition des bulles de Messire François de Salignac Fénelon de l'église de Cambray et consentait à ce qu'elles lui fussent délivrées et que tous les différends mus et à mouvoir pour raison de l'érection de l'archevêché de Cambray demeurassent éteints à perpétuité ». Trois jours après, le 18 avril 1695 ratification était donnée, fin des vêpres et au son de la cloche, de cette renonciation par devant Pierre Pousin, notaire apostolique royal juré en l'archevêché et diocèse de Reims, en présence du chapitre métropolitain. L'acte donne les noms des chanoines qui furent présents à cette ratification. Nous croyons devoir citer ces noms à titre purement documentaire; quelques-uns sont acquis à l'histoire de notre illustre métropole :

Jacques Barrois, doyen président; Antoine Lempereur, chantre; Jean-Baptiste Dey, grand archidiacre; Louis-Éléonore Tristan, archidiacre en Champagne, Jean Roland, trésorier; Claude Pasquier, Nicolas Murtin, tous deux « prêtres chapelains de l'église métropolitaine de Reims »; Gérard Audry, pénitencier; Pierre Marlot, Charles Dorigny, Henri Martin, Henri Blanchon, Charles Nolin, François Sicard, Louis Bachelier, Jacques Favart, Remy Favart, Nicolas Rogier, Jacques Callou, Jean Gillot, Henry Legeoix, Henri Frizon, Louis-François de Vassinhac, Jean-Louis de La Salle, Jean Charlot, Daniel

____

(1) Collection Saubinet, Bibliothèque de Reims.

Egan, tous prêtres; Simon Cocquanet, Jean Coulon, ces deux derniers sous-diacres.

Évidemment, le brevet délivré par Louis XIV à l'archevêque-duc de Reims ne pouvait avoir force loi qu'autant qu'il serait confirmé par l'autorité du Pontife Romain. Le 13 septembre 1696, Innocent XII accordait une bulle confirmative de ce brevet, et déclarait que le titre de l'abbaye de Saint-Thierry était éteint et supprimé à perpétuité, et les fruits et revenus de la mense abbatiale unis à l'archevêché de Reims. Toutefois, avant que fut fulminée ladite bulle, le pape nommait en qualité de commissaire spécial, Pierre d'Hangest d'Hargenlieu, official de Soissons. Cet official aura pour mission avant que « de faire droit, de se transporter en la ville de Reims et d'y assigner les prévôts, chanoines et chapitres de la métropole et aussi les religieux, prieur et couvent de Saint-Thierry pour répondre sur le contenu de la bulle, et, ceux-ci entendus, être fait droit ».

Pressé d'être mis en possession, Maurice Le Tellier fait savoir dès le 5 novembre, à l'official de Soissons, qu'il a publié une ordonnance pour convoquer chapitre et couvent, et qu'il quittera lui-même Paris pour se rendre à Reims. En même temps, il enjoint à son official d'avoir à donner territoire à celui de Soissons pour la fulmination de la bulle (1).

Obéissant à cette assignation, les religieux du Mont-d'Hor se réunissent en chapitre pour se prononcer sur la question. Nous trouvons dans les actes capitulaires de l'abbaye le procès-verbal suivant, paraphé *ne varietur* par l'archevêque de Reims. Nous en donnons un extrait intéressant qui nous fait connaître la situation du couvent au moment de l'extinction du titre abbatial (2) :

« L'an du Seigneur 6 novembre 1696, le Révérend Père Dom J. Rosset, prieur de l'abbaye de Saint-Thierry au Mont-d'Hor-lez-Reims, Ordre de Saint-Benoît, congrégation de Saint-Maur, du diocèse de Reims, ayant fait assembler, etc..., les RR. PP. D. J. de la Motte, sous-prieur, D. Pierre Rensimont, D. Bernard Role, D. Jacques Roussel, D. Charles Lequeux, D. Remi Marchand, D. J. Desprimont, D. Louis Courtois, D. J. Joly, D. Thomas, D. J. Morin, tous prêtres, religieux représentant de la dite abbaye, leur a représenté qu'il était nécessaire de procéder à la nomination d'un religieux pour, etc.

« Il a été conclu unanimement que la communauté nommait et constituait pour son procureur spécial le R. P. D. J. Rosset, prieur de ladite abbaye pour et déclarer qu'elle consent à l'extinction et à l'union de la mense abbatiale au dit archevêque aux clauses et conditions portées en ladite bulle dont la communauté a eu communication, en outre pour protester quand et où il sera bien pour la conservation de tous les droits de la communauté. »

Comme on peut le constater, les réserves faites dans cet acte capitulaire par les religieux, sont d'un laconisme qui ne peut s'expliquer que par la nécessité où ils sont de soumettre leur adhésion au visa archiépiscopal.

(1) Collection Saubinet aîné, Bibliothèque de Reims.
(2) Collection Saubinet aîné, Bibliothèque de Reims.

Dans le procès-verbal dressé le lendemain, 6 novembre, par le commissaire pontifical, de leur adhésion à l'extinction du titre, les moines sont plus explicites ; citons : « Ils nous ont requis de vouloir bien ordonner... que les dites extinctions ne pourront porter aucun préjudice, ni causer aucune diminution à la mense conventuelle de l'abbaye, laquelle mense conventuelle, lesdits religieux, prieur et couvent de Saint-Thierry prétendent, avec tout le respect qu'ils doivent à Mgr l'Archevêque et dont ils ne s'éloigneront jamais, devoir être composée non seulement de tous les biens, droits et revenus, et généralement de toutes clauses énoncées dans ledit traité ou concordat du 24 juin 1628, mais encore de tous ceux dont ils sont actuellement en possession, et qui sont rapportés dans les traités antérieurs qui ont été faits et passés entre défunt Messire Guillaume Bailly, abbé commendataire de ladite abbaye et lesdits religieux de Saint-Thierry, de laquelle déclaration, ledit D. J. Rosset nous a demandé acte afin que, etc., etc. (1). »

Les réserves ainsi faites par les religieux, leur défiance mal dissimulée quoique « très respectueuse » envers Maurice Le Tellier ont besoin d'explication.

L'archevêque de Reims, en effet, n'avait pas attendu la publication de la bulle Pontificale pour agir en « abbé commendataire » de l'abbaye du Mont-d'Hor. Nous lisons dans le *Livre du Monastère* : « Le 24 mai 1695 troisiesme fête de la Pentecôte, Monsieur de Reims, après sa nomination est venu pour la 1re fois à St Thierry. Il visita l'Eglise, ensuite le Monastère et demeura deux ou trois heures dans l'abbaye. Il demanda à voir les concordats et transactions faites avec ses prédécesseurs abbés. On lui donna *(sic)* Il les fit mettre dans son carosse. Estant de retour à Reims, il en fit faire des copies, les fit examiner par son grand vicaire, Mr Roland, trésorier de la cathédrale (2). »

Les premiers rapports de l'archevêque de Reims avec les religieux manquent évidemment de chaleur. Aussi on comprend le peu d'enthousiasme des moines quand ils apprirent la nomination de leur nouvel abbé commendataire. Le *Livre du Monastère* enregistre cette nomination en ces quelques lignes d'une sécheresse voulue (3) :

« Messire Charles Maurice Le Tellier, archevêque duc de Reims a esté nommé par le Roy, abbé commendataire de ceste abbaye, le deuxiesme d'avril 1695. Le dit archevêque a obtenu en même temps de Sa Majesté, l'union de ce bénéfice à son archevêché pour le dédommager de la désunion de plusieurs évêchés de la Métropole. Mais dans le brevet du Roy, il est énoncé qu'on ne touchera pas à la mense conventuelle, et que Sa Majesté entend que le divin service se fera comme de coutume. »

Nous n'avons pas à donner ici le portrait de Messire Charles-Maurice Le Tellier. Ce portrait a été tracé de main de maître par le regretté archiprêtre de Charleville, M. l'abbé Gillet, dans l'histoire si documentée qu'il a laissée

<hr>

(1) Fonds de Saint-Thierry. Bibliothèque de Reims.
(2) *Livre du Monastère*, à la date.
(3) *Livre du Monastère*, à la date.

de cet archevêque de Reims. Reconnaissons cependant que la façon un peu cavalière avec laquelle Maurice Le Tellier inaugurait sa prélature à l'abbaye du Mont-d'Hor était de nature à justifier toutes les méfiances des religieux; ils étaient en droit de s'inquiéter des motifs qui avaient poussé leur nouvel abbé à réclamer aussi impérieusement les textes des concordats, et ils se demandaient si, après avoir tant souffert des précédents abbés commendataires, ils seraient forcés de nouveau à la lutte pour la défense de leurs privilèges. Pour écarter toute matière à litige, ils se résolurent à liquider leur situation avec les héritiers de Guillaume Bailly, concernant les réparations à faire à l'église du monastère et aux lieux réguliers : « Nous avons traité avec eux à l'amiable, de manière que, nous contentant de 1,500 livres qu'ils nous ont données, nous avons encore mis du nostre pour le moins trois mil cinq cens *(sic)* livres pour faire toutes les dites réparations tant de l'Eglise que des lieux réguliers auxquelles nous étions obligés par le concordat de 1659 (1). »

Ces difficultés ainsi réglées, les religieux attendirent le bon vouloir de Messire l'Archevêque de Reims. Celui-ci ne tarda pas à leur faire savoir ce qu'il attendait d'eux : « Mr de Reims avant son départ pour Paris fit paroistre qu'il n'était pas content de Dom Charles Sauvage, et qu'il souhaitoit un autre procureur (2). »

Le *Livre du Monastère* n'indique pas le motif de ce mécontentement. Il nous est cependant facile de le supposer, si nous consultons le procès-verbal dressé par l'official de Soissons, commissaire du pape. Innocent XII, dans sa bulle confirmant le décret de Louis XIV avait stipulé que l'extinction du titre de l'abbaye et l'union des bénéfices à la mense épiscopale ne porteraient préjudice ni à la mense conventuelle, ni à la célébration du service divin. Ces termes étaient vagues. Or, dans quel sens fallait-il les comprendre ? Les religieux, nous l'avons vu, prétendaient, dans l'acte capitulaire cité plus haut, que la mense conventuelle était composée, non seulement de tous les biens, droits et revenus énoncés dans le concordat de 1628, mais encore de tous les biens dont ils étaient actuellement en possession, en vertu des traités passés avec l'abbé Guillaume Bailly. Or, toute autre était l'interprétation donnée par Charles-Maurice Le Tellier.

Le procès-verbal de l'official mentionne ses réclamations en ces termes :

« Est comparu Charles-Maurice Le Tellier, demandant qu'il plut à l'official de procéder à la fulmination de la bulle, et consentant pour lui et ses successeurs à toutes les clauses contenues dans la dite bulle, et spécialement à celle qui porte que l'extinction et union ne pourront préjudicier à la mense conventuelle de la dite abbaye de Saint-Thierry, *à condition toutefois qu'il n'y aura que les biens, droits et revenus énoncés dans le traité ou concordat passé le 20 juin 1628 entre Messire Paul Bailly, pour lors abbé commendataire de ladite abbaye d'une part tant pour lui que pour ses successeurs abbés,*

---

(1) *Livre du Monastère*, à la date.
(2) *Livre du Monastère*, à la date.

et Dom Athanase de Mengin prieur claustral de l'abbaye de St Remy de Reims et visiteur de la Congrégation de St Maur dans la province de France, fondé de pouvoir spécial en date du 5 mai 1628 à lui donné pour passer les dits traité et concordat par le R. P. Maur du Pont supérieur général et par toute la dite Congrégation de St Maur, assemblée à Vendosme, qui seront réputés composer ladite mense conventuelle ; d'autant plus que par le dit traité ou concordat, il est expressément stipulé que le dit sieur Bailly ne pourra être tenu en aucun cas ou pour quelque raison que ce puisse être, de donner aux dits Religieux, prieur et couvent de St Thierry, d'autres ou de plus grands revenus que ceux qui sont énoncés dans le susdit traité ou concordat, du 26 juin 1628, lequel a été approuvé et ratifié au chapitre général de la dite congrégation de St Maur par acte en bonne forme du 7 septembre 1628 dans lequel acte il est dit que le susdit traité du 26 juin 1628, sera exécuté selon sa forme et teneur ; au préjudice de quoy Messire Guillaume Bailly, dernier abbé commendataire de l'abbaye de St Thierry n'a pu ni céder, ni abandonner aux dits Religieux prieur et couvent de St Thierry aucun de tous les biens qui composent la mense abbatiale, lors du dit traité du 26 juin 1628, pour augmenter la mense conventuelle de la dite abbaye de St Thierry ; protestant mon dit Seigneur Archevêque de Reims de se pourvoir par les voies de droit pour faire casser et annuler tous les traités faits par le dit sieur Bailly : de laquelle protestation mon dit Seigneur l'Archevêque nous a requis acte (1). »

Étant données ces divergences profondes entre ces réclamations des uns et des autres, il n'est pas invraisemblable de supposer que Mgr l'Archevêque de Reims a voulu, avant de formuler officiellement sa protestation, traiter directement avec les religieux et que Dom Sauvage fut chargé pour la conventualité de toutes les négociations. Celui-ci, sans doute, défendit pied à pied les revendications de ses frères, au grand mécontentement de Charles-Maurice Le Tellier qui réclama un autre procureur.

Le prieur de Saint-Thierry, qui était alors Dom Noël Brammeret informa immédiatement ses supérieurs majeurs des exigences de l'abbé commendataire et « quelques temps après que Monsieur de Reims s'en fut retourné à Paris, le Père Dom Sauvage y alla pour consulter les avocats du Parlement et plus particulièrement Maître Vaillant. Il rapporta une consulte qui nous étoit fort avantageuse (2). « Ceste consulte, est-il dit dans un autre endroit du *Livre du Monastère*, est très bien raisonnée et rapporte plusieurs arrests qui nous sont favorables. Elle porte que nous sommes en droit de demander partage à Monsieur nostre abbé qui ne peut pas nous refuser notre tiers (3). »

Fort de cette consultation, et bien décidé à défendre ses droits, le prieur de Saint-Thierry, Dom Brammeret, non seulement ne consentit pas à sévir contre Dom Sauvage, mais encore, lui octroya, lorsque celui-ci fut de retour de Paris, quelques nouvelles fonctions honorifiques, et ajouta à son titre de

(1) Papiers de Saint-Thierry, collection Saubinet aîné.
(2) *Livre du Monastère*, à la date.
(3) *Livre du Monastère*, à la date.

cellerier, celui de procureur. Cette mesure n'était pas faite pour apaiser le ressentiment de l'Archevêque de Reims. Maurice Le Tellier en fut « extrêmement choqué ». Immédiatement il manda le prieur à Paris, lui reprocha sa conduite, « lui dit cent duretés ». Il ne s'en tint pas là; il s'adressa directement aux supérieurs généraux de la Congrégation de Saint-Maur, et le 25 janvier 1696, il obtenait satisfaction; Dom Charles Sauvage recevait l'ordre de quitter l'abbaye du Mont-d'Hor. Ce dernier était homme de décision; ne voulant pas se résigner à être victime d'une mesure qu'il considérait comme injuste, il se rendit directement à Versailles où se trouvait le roi. Avait-il un mandat de sa communauté ou, ce faisant, agissait-il en son nom personnel ? Nous ne savons. Quoiqu'il en soit, Dom Sauvage fit parvenir à Louis XIV le placet suivant dont le *Livre du Monastère* nous a conservé la copie :

« Au Roy. Sire, Les Religieux et prieur de l'abbaye de St Thierry, ordre de St Benoist diocèse de Reims remonstrent très humblement à Vostre Majesté qu'au préjudice du brevet de V. M. du 2 avril 1695, par lequel Elle a consenti à l'union de la manse abbatiale *(sic)* de la ditte abbaye à l'archevêque de Reims, à condition que les droits de la manse conventuelle seroient conservez en leur entier Monseigneur l'Archevêque de Reims, se prévalant de son autorité, ne veut consentir à l'exécution des concordats faits avec ses prédécesseurs abbez, ny le passage des biens de la ditte abbaye, ce que les supplians laissaient à son choix, et veut retenir telle portion que bon luy semble, et pour y parvenir réduit les supérieurs majeurs de la Congrégation de St Maur de qui dépend la ditte abbaye, dans la nécessité de faire sortir de la ditte abbaye ceux des religieux qui veulent s'opposer à ses desseins; ce qui oblige les supplians d'implorer la protection souveraine de Vostre Majesté pour la supplier de permettre aux supplians de poursuivre leurs droits par la voye naturelle de la justice et devant les juges qui en doivent connoistre, si mieux, Vostre Majesté ne veut nommer des juges pour régler leurs prétentions légitimes, et ils continueront leurs prières pour la prospérité de Vostre Majesté et pour la conservation précieuse de vostre personne sacrée (1). »

Quoique présenté au roi au nom de la communauté, ce placet nous parait être l'œuvre d'un seul; la rédaction en est trop lourde, la forme trop négligée pour que nous puissions lui reconnaître la valeur d'un acte capitulaire. D'ailleurs, il n'eut pas tout le succès que Dom Sauvage en attendait. L'Archevêque en ayant eu connaissance soit par Louis XIV, soit par toute autre voie, fit mander le supérieur général de la Congrégation et son assistant, Dom Arsène Durbant et leur fit lire le placet. Ceux-ci, déclinant immédiatement toute responsabilité, déclarèrent formellement que ni eux, ni la communauté de Saint-Thierry, ni son prieur, n'avaient autorisé Dom Sauvage à agir de cette façon, et que celui-ci « avoit fait cela de sa teste ».

L'Archevêque heureux de ce désaveu, en informa qui de droit, en fit parvenir la copie à Louis XIV, et enfin, « en parle en cent occasions ». Il ne

---

(1) *Livre du Monastère*, à la date.

s'en tint pas là. Jugeant que ce désaveu exigeait une sanction, peu convaincu d'ailleurs de la non participation de la communauté du Mont-d'Hor, Charles-Maurice Le Tellier, de retour à Reims, ordonna au prieur de comparaître en son palais archiépiscopal, le samedi matin, 10 mars 1696, afin de lui exprimer tout son mécontentement relativement au placet; il lui reprocha en termes très durs « qu'il trempoit là dedans ». Dom Noël Brammeret répondit, « avec respect, qu'il n'avoit point porté le Père Sauvage à faire, ny à présenter ce placet au Roy » (1).

Nullement persuadé, « Messire de Reims » trancha toute difficulté en déclarant qu'il n'aurait plus affaire avec la communauté, et qu'il entendait solutionner désormais tous les différends qui s'élèveraient avec le Prieur et son Procureur auxquels les moines donneraient procuration.

Ce manque de tempérament dans le triomphe faillit remettre toutes choses en question. Irrités de cette façon cavalière de procéder de leur abbé commendataire, les religieux se réunirent plusieurs fois en chapitre, et après mûre délibération décidèrent de s'en tenir « à la consulte de M^r le Vaillant, avocat au Parlement et autres avocats » (2), laquelle consulte, nous l'avons dit plus haut, reconnaît aux religieux le droit de « demander partage à M^r nostre abbé qui ne peut pas nous refuser nostre tiers ». Dom Jean de La Motte, sous prieur, et Dom Jacques Roussel, célerier et procureur furent chargés de faire connaître à Maurice Le Tellier les résolutions prises. Exaspéré de leur résistance, l'Archevêque de Reims dit brusquement aux délégués de la communauté que « c'estoit le Père Prieur qui conduisoit tout cela, que c'estoit un fourbe, qu'il en auroit raison des supérieurs majeurs ou du Roy, qu'il nous réduiroit à nostre premier concordat d'introduction ou bien que nous sortirions de St Thierry ».

« Les dits Religieux, après de telles menaces se retirèrent modestement. »

La lutte, on le voit, est arrivée à l'état aigu ; or, Maurice Le Tellier n'était pas homme à reculer. Il informe sans délai les supérieurs de la Congrégation de la résistance de Dom Noël Brammeret, déclare que le départ de ce religieux peut seul porter remède au mal et leur demande avec une particulière insistance son remplacement immédiat. Les supérieurs, fatigués sans doute de cette lutte, donnèrent raison à « Messire de Reims ». Au chapitre général de l'année 1696, il fut décidé que le prieur quitterait l'abbaye du Mont-d'Hor, et Dom Joseph Rosset fut élu à sa place. Ce fut lui, nous l'avons vu, qui fut délégué par la communauté pour comparaître en même temps que Maurice Le Tellier et les délégués du chapitre métropolitain devant le commissaire pontifical et y formuler les réserves et les prétentions des religieux. Devant le commissaire pontifical, chacun des deux partis resta sur ses positions. Pour tout concilier l'official de Soissons imagina une formule bâtarde qui, sans trancher les difficultés pendantes, semblait devoir donner satisfaction à tous : en vertu de cette formule, abbé commendataire et religieux donnaient leur consentement à l'extinction du titre abbatial de Saint-Thierry, pourvu

(1) *Livre du Monastère*, à la date.
(2) *Livre du Monastère*, à la date.

qu'aucun préjudice ne fut porté ni à la mense abbatiale ni à la mense conventuelle.

Fulminée le 8 novembre 1696, la bulle d'Innocent XII fut approuvée par le roi le 16 janvier 1697, enregistrée au Parlement, le 24 mars 1698, et contrôlée par les notaires royaux résidant à Reims, le 22 mai 1699.

Un procès-verbal d'installation, daté du 10 novembre 1696 et signé par Pierre Ponsin, prêtre, chapelain de la cathédrale, notaire apostolique, nous apprend que le 10 novembre 1696, deux jours seulement après la fulmination de la bulle, l'installation de Charles-Maurice Le Tellier comme abbé commendataire de Saint-Thierry eut lieu, sur sa propre réquisition, dans l'église du monastère, en présence du prieur, des religieux et d'un grand nombre de personnes tant séculières que régulières ; personne n'intervenant et ne contredisant, lecture fut donnée à haute voix de la bulle pontificale, datée de Sainte-Marie-Majeure, puis le notaire apostolique fit asseoir l'archevêque de Reims sur le siège abbatial, disposé à droite du chœur, vers la grand'nef. Pendant la cérémonie de l'installation, les moines chantèrent le *Te Deum*, à la fin duquel l'archevêque de Reims récita trois oraisons : *de Sanctissima Trinitate, de Beata Maria et de Sancto Thedorico*, puis donna solennellement la bénédiction du Saint Sacrement.

La paix ainsi établie entre l'abbé commendataire et les religieux, était une paix boiteuse, mal assise. Les deux partis se tenaient sur la réserve, en conservant leurs positions respectives et n'étaient nullement décidés à se faire de mutuelles concessions. La plus petite étincelle pouvait donc rallumer la guerre, et les difficultés devaient renaître à la moindre occasion. Cette occasion sans doute ne se présenta pas pendant les dernières années du Pontificat de Maurice Le Tellier. Le *Livre du Monastère* ne mentionne pendant ce laps de temps aucune contestation. Nous voyons même qu'en l'année 1701, au mois de janvier, les religieux du Mont d'Hor firent faire « le portrait de Msr l'Archevêque de Reims et M. l'abbé de Louvois, son neveu. Ils reviennent les deux à quarante livres » *(sic)*. Assagis par les rigueurs de leur abbé commendataire, par sa façon d'agir un peu cavalière peut-être, et redoutant les influences dont il jouissait à la cour et au Parlement, les bons moines prirent garde d'attirer à nouveau sur eux les foudres épiscopales ; toutefois, les rapports entre eux et Maurice Le Tellier n'en devinrent pas plus cordiaux. Nous en avons pour preuves les quelques lignes consacrées dans le *Livre du Monastère* à la mort de celui-ci, qui sont d'un stupéfiant laconisme : « En l'année 1709 est mort, à Paris, subitement, Mr Charles-Maurice Letellier, archevêque de Reims, et abbé de céans, sans avoir laissé à la maison aucune chose » (1).

§ II. — Mgr François de Mailly.

Ce laconisme, les religieux l'observent même quand il s'agit pour eux de consigner, l'année suivante, dans leur *Diarium*, la nomination de Mgr de

---

(1) *Livre du Monastère*, à la date.

Mailly : « En 1710, Mgr François de Mailly, évêque d'Arles, a été nommé Archevêque de Reims, et abbé de céans. » Faut-il s'étonner de ce laconisme apparemment voulu ? Certes, les traitements subis par eux, depuis l'établissement de la commende en leur monastère, n'étaient pas de nature à susciter leur enthousiasme. Mais leurs craintes ne tardèrent pas à se dissiper ; Mgr de Mailly voulut, dès la première année de son pontificat, leur donner des preuves non équivoques de sa paternelle bienveillance : « En 1711, Mgr François de Mailly, archevêque de Reims, et abbé commendataire de céans, par un effet de sa bontée *(sic)* pour la communauté, a bien voulu se donner la peine de venir officier icy pontificalement, le jour de la fête de St Barthélemy, patron de l'Abbaye, M. l'abbé de Cuisles, ordre des Prémontrés, faisant en sa présence le panégyrique du saint » (1).

Grandement honorés de cette marque de haute sympathie, les religieux se crurent autorisés à rompre le silence auquel ils s'étaient obligés depuis quelques années, et à soumettre à leur nouvel abbé commendataire quelques réclamations concernant certains droits dont les avait frustrés « avec violence » le précédent archevêque.

L'abbaye possédait en Flandre, depuis de longs siècles, de nombreuses propriétés (2). Déjà, en 1090, la reine Adèle ou Alix de Danemarck, épouse du saint roi Canut et sœur de Robert, comte de Flandre, avait fait l'offrande « au bienheureux St Thierry », d'une partie de la forêt qu'elle possédait à Herlebecq, en Flandre, et Robert lui-même, non moins généreux, avait étendu les limites de ce domaine naissant. Avec les siècles, par suite de diverses translations des reliques de saint Thierry, et des prodiges opérés par ces saintes reliques, la dévotion s'était rapidement propagée envers les saints fondateurs de l'abbaye du Mont-d'Hor : les dons affluèrent à ce point que les religieux furent obligés d'établir en ces régions un prieur chargé de l'administration temporelle de tous ces biens, tout en res'ant au point de vue spirituel soumis à l'abbaye. Nous avons vu les abbés commendataires s'arroger le droit d'aliéner une partie de ces biens, prétextant la distance trop grande qui séparait le prieuré de l'abbaye. Mais, au dix-huitième siècle, le domaine possédé par le monastère en Flandre, était encore assez considérable. Nous en trouvons la nomenclature dans un rapport du grand prieur de Saint-Thierry, visitant les paroisses de la dite abbaye. Ces propriétés sont : Celles, Molembaise avec une partie des dîmes, Escanalfe avec la moitié de toute la dîme, Warmont ou Quaermont, Warteghem qui peut valoir 300 livres, Ellezelles, Dottignies, dont la dîme fut saisie en 1716 à cause d'un procès perdu par l'abbaye et qui la força à payer 16 à 17.000 livres, Bernes et Rugen qui peuvent valoir 1.300 livres (3).

Or, par le concordat de 1692, l'abbé Guillaume Bailly avait reconnu aux religieux le droit de jouissance du tiers de ces biens, mais Maurice Le Tellier n'avait pas consenti à ratifier ce concordat au jour de sa prise de possession,

<hr>

(1) *Livre du Monastère.*
(2) *Chronicon, passim.*
(3) Liasse Saint-Thierry, Archives de Châlons.

nonobstant les vives réclamations des ayant droit : « En la même année
1711, le dit Seigneur Archevêque de Reims, Mgr de Mailly, abbé de céans a
consenti d'une manière fort honnête et obligeante qu'on rentrât en possessio·
du tiers du bien de Flandre que son prédécesseur nous avoit ôté avec
violence » (1).

Forts de cette paternelle protection, les moines s'appliquèrent à réparer
les désastres causés par les invasions de 1712, et par les orages, dans
l'église, dans les bâtiments réguliers et dans toutes les dépendances du
monastère. En 1715, ils firent refondre toutes les cloches de l'église abbatiale,
et offrirent respectueusement à Mgr de Mailly d'être parrain de la plus grosse
des sept cloches à restaurer. L'excellent archevêque ayant agréé avec bienveillance cette demande, la bénédiction des cloches eut lieu la veille de
Saint-Barthélemy, par M. Louis du Vaux, abbé de Notre-Dame de Landève. Nous
trouvons, à ce propos, dans le *Livre du Monastère* les réflexions suivantes
qui ne manqueront pas de paraître au lecteur assez singulières : « La plus
grosse (des cloches) a été nommée Françoise par Messire François de Mailly,
archevêque de Reims, qui estant pour lors employé à Paris aux affaires du
clergé, a donné commission à M. Clignet, son Bailly, de le représenter dans
cette cérémonie et d'y faire ce qui conviendrait, sans rien déterminer
néantmoins sur le présent qu'il vouloit faire, ce qui ayant fait naitre quelques
difficultés à M. Clignet, il s'est contenté d'assister à la susdite bénédiction
sans rien donner. Nous espérons que Mgr l'Archevêque joindra le lange dont
a coustume de couvrir la cloche à l'ornement qu'il doit nous donner en
qualité d'abbé de ce monastère » (2).

Nous ignorons si « Messire François de Mailly » songea plus tard à réparer
cet oubli, mais nous savons que l'excellent archevêque ne cessa jusqu'au
jour de sa mort, de donner aux religieux des marques de sa paternelle
sollicitude, aimant à leur rendre de fréquentes visites. C'est dans une de ces
visites que la mort vint le surprendre brusquement. Chose étrange ! le *Livre
du Monastère* ordinairement très prolixe, est muet sur cet événement à
tous égards important et dont les conséquences auraient pu être dans l'avenir
si funestes pour le monastère ; ce silence nous paraît inexplicable. Il nous a
fallu recourir aux archives municipales de Saint-Thierry pour obtenir les
renseignements suivants : Extrait des Registres des actes de baptême, mariages
et enterrements de la paroisse de Saint-Thierry (3) : « Le 13me (de septembre
est décédé en cette paroisse, Messire François de Mailly, archevêque duc de
Reims, Cardinal de la Sainte Eglise Romaine, après avoir reçu les Sacrements
qui lui ont été administrés par M. Remy Couvreur, curé de ce lieu, lequel a
été déposé le même jour dans son palais archiépiscopal par le dit Sieur Curé,
et été inhumé dans l'Eglise Cathédrale de la Ville de Reims. »

« En foi de quoi ont signé : J.-B. Alleau, Couvreur, Nourisson, clerc de
Saint-Thierry. »

(1) *Livre du Monastère*, à la date.
(2) *Livre du Monastère*, à la date.
(3) Archives de Saint-Thierry, année 1721.

§ III. — Mgr le Prince de Rohan.

Egalement nous constatons avec surprise qu'il n'est fait nulle mention dans ce *Livre du Monastère* de la nomination et de l'intronisation comme abbé « de Mgr Jules-Armand, prince de Rohan, archevêque de Reims, abbé perpétuel de Saint-Thierry ». Il est seulement question de ce nouvel abbé en l'année 1727, à propos d'une difficulté grave qui s'était élevée entre les deux menses abbatiale et conventuelle. Voici en quelles circonstances : Par un arrêté général, l'autorité royale avait réduit à 25 ans, les coupes de bois de taillis pour les gens de *main-morte*. Toutefois, ce même arrêt accordait sous forme d'indemnité, l'abbatis des futaies, à la réserve d'un certain nombre de baliveaux de différents âges, d'un nombre déterminé par arpents. Or, s'autorisant du bon vouloir de l'Archevêque de Reims, qui « par grâce » leur avait octroyé « vingt cordes de gros bois, trente deux arbres de bois blanc et 2.000 fagots de futaie », les Religieux se crurent autorisés à réclamer leur tiers dans les coupes de bois de taillis. Voyant que les gros bois abattus étaient enlevés sans qu'on leur donnât leur tiers, ils adressèrent un mémoire à Monseigneur de Rohan. Ils donnaient comme raison que ces taillis appartiennent au fonds de l'abbaye qui est inaliénable, que le roi ne prétendait pas indemniser les abbés au détriment des religieux, et qu'il suffisait pour s'en convaincre de considérer la pratique des autres abbés dans les différents monastères de France. De son côté, Mgr de Rohan disait, pour appuyer son droit, que les bois de Saint-Thierry, Trigny et Luthernay avaient été compris dans son lot par le concordat de 1628 et qu'il n'avait pas été dérogé à ce concordat par des traités postérieurs ; que les religieux avaient reçu dans leur lot une valeur équivalente ; que ses prédécesseurs avaient eu toujours la jouissance de ces abbatis, soit avant, soit après l'établissement de la maîtrise, sans que la communauté ait, depuis 99 ans, formé d'opposition juridique, et enfin que l'octroi de ces abbatis après l'arrêt royal, se justifiait par la perte de 1.500 livres que subissait annuellement la mense abbatiale, alors que la mense conventuelle n'avait à subir aucune charge.

Pour arriver à une commune entente, une réunion fut décidée. Mgr de Rohan s'y fit représenter par l'abbé Roberte, un des six grands vicaires, par Gascard, son intendant, et par M. Clignet « bailly de son Altesse » ; les religieux par les RR. PP. dom Nicolas Moreaux, et dom Claude Genard. Pendant trois heures on discuta. L'archevêque de Reims consentait à donner aux religieux chaque année « huit cordes de bon bois, mais refusait catégoriquement qu'on reconnût dans le traité leur droit au tiers dans le quart de réserve, quand le Roi l'accorderait » (1). Cependant on s'adoucit un peu et on conclut à huit cordes de bois, après trois heures de débat.

Le *Livre du Monastère* nous fait connaître les raisons qu'avaient les religieux de se montrer moins intransigeants. Ces raisons sont pour le moins

----

(1) *Livre du Monastère, passim.*

singulières. Nous y lisons, en effet : « Il est constant que le partage de l'abbé a moins de charge et plus de revenant bon que le nôtre, soit par rapport aux bois de futaie, soit par rapport aux ventes, mais je doute qu'il équivale le nôtre dans la redevance ordinaire. D'ailleurs, il faut remarquer que nous avons quelques bois de taillis dans notre partage, dont ils n'ont parlé que légèrement, comme le bois d'Athies, quelques arpents à Loivre, à Saint-Thierry, à Surienne (1), sans parler de celui de Merlet, qui, dépendant de l'aumônerie, n'entre pas en partage (2). Toutes ces raisons nous ont porté de passer. » Et, sous forme de conclusion, l'annaliste ajoute : « Comme le traité n'est que provisionnelle *(sic)* et qu'il y est marqué que par dessus tout, chacun des parties demeurera dans ses droits, qu'il n'a point été ratifié par le R. P. Général, ce qui aurait été nécessaire pour le rendre valable, la Communauté ne pouvant faire cette cession d'elle-même d'un fond qui excède son pouvoir, outre qu'il n'y a aucun traité d'homologué, il *conviendroit que quand les abbés n'agiront pas bien* on prit ses précautions de long pour examiner au juste les lois *(sic = droits ?)* des uns et des autres. »

Cette première escarmouche entre l'abbé commendataire et les religieux fut bientôt suivie d'une autre beaucoup plus grave.

« Le monastère depuis quelques années se trouvoit dans le meilleur état où on pouvoit p ut estre espèrer de le voir : tous ces bâtiments estoient achevés, propres, solides et entretenus, ses biens et ses fonds dans leur juste valeur, les dettes presque acquittées, et la communauté nombreuse. » Mais voici que le 4 juillet 1730, un ouragan épouvantable qui brusquement s'abattit sur le Mont-d'Hor, vint en quelques instants ruiner toutes ces espérances. Empruntons quelques détails à l'annaliste : « Dès que ce triste quart d'heure cessa et qu'on crut pouvoir respirer, l'étonnement et la surprise ne diminuèrent. Toutes les couvertures de la maison, celles de l'abbatiale et de l'Eglise, soit en tuiles, soit en ardoises, étaient absolument et totalement brisées et enlevées, la plus grande partie des lattes et des contrelattes arrachées et emportées, les vitraux tant de l'Eglise que des lieux réguliers ne paroissoient plus, étant réduits en mille pièces... Dans les campagnes, les vignes qui estoient déjà chargées de raisins et promettoient une abondante vendange furent trouvées sans fruits, sans feuilles, absolument hachées et déracinées même, en plusieurs endroits. On ne peut trop faire sentir l'état triste et ruineux ou se trouvoit l'Église, surtout par rapport à ses belles voûtes. Il fallut abandonner le chœur et se réfugier dans les chapelles pour faire l'office, errant tantôt dans l'une et tantôt dans l'autre, suivant que les pluies et les vents pénétrèrent... Il fallut penser très sérieusement au prompt restablissement de la maison, ou se résoudre à la voir tomber entièrement, surtout dans ses principaux édifices pendant le cours de l'hyver suivant » (3).

---

(1) Village situé près de Vouziers, aujourd'hui disparu.
(2) *Livre du monastère*, à la date.
(3) *Livre du Monastère*, à la date.

Mais ici se posait une question grosse de conséquences ! A qui incomberaient les dépenses qu'exigeraient ces considérables réparations ? Par une transaction datée de 1653, renouvelée et approuvée le 3 Mai 1727 par Monseigneur de Rohan dans une convention particulière, les religieux s'étaient obligés à toutes les réparations de l'église et des lieux réguliers. Toutefois, et par exception, si les dégats étaient produits par « vilain-fondoir ou accident extraordinaire, et si la somme exigée en ce cas par les réparations étaient supérieure à mille écus, l'abbé, après appel préalable et procès-verbal ayant été dressé en justice, est obligé à payer le surplus. Au cas où ces formalités n'auraient pas été remplies, les religieux restaient seuls responsables des sommes à dépenser, quelqu'en fût le montant. »

Se conformant strictement à la teneur de cette transaction, le prieur de l'abbaye informa immédiatement Mᵍʳ de Rohan et ses gens d'affaires des désastres causés par l'ouragan. Cinq semaines s'écoulèrent sans aboutir à un résultat appréciable. Enfin, « après bien des ennuys, des lettres et des mesures, l'intendant de l'Archevêque de Reims se présenta, et procès-verbal fut dressé par des experts en justice dont la minute fut déposée en l'étude de Mᵉ Adnet »; il fut décidé également de concert avec l'intendant, que l'entreprise des réparations se ferait par voie d'adjudication. L'adjudication des vitraux qui s'élevait à 1.200 livres ne souffrit pas de difficulté ; il n'en fut pas de même pour l'adjudication de la réparation des toitures, les hommes du métier objectant l'énormité du travail à entreprendre, la cherté des matériaux, leur rareté, la difficulté des transports. Enfin, après quinze jours d'anxieuse attente, quatre maîtres couvreurs de Reims acceptèrent le travail pour la somme de 14.100 livres. On avait eu soin, pour ne pas refroidir leur zèle, de taire dans la cédule d'adjudication « tout ce qui pouvait faire naître difficulté entre les abbé et religieux touchant leurs prétentions réciproques ». De plus, les paiements devaient se faire par tiers, au commencement des travaux, vers le milieu, et après entier achèvement. Pour permettre aux ouvriers de se mettre immédiatement à l'œuvre, les religieux s'empressèrent de verser les mille écus auxquels ils étaient obligés d'après la transaction de 1727. Les officiers de Mᵍʳ de Rohan se montrèrent plus récalcitrants. Le devis total s'élevait, avons nous dit, à 14.100 livres ; ces officiers offrirent 8.000 livres argent comptant, prétextant que la circonstance était exceptionnelle, que la maison une fois remise à neuf, les religieux n'auraient de longtemps à faire de réparations. Les religieux en référèrent à Mᵍʳ de Rohan. Celui-ci répondit « d'une manière douce et obligeante mais néantmoins sans s'avancer ». Une visite personnelle des religieux à leur abbé pouvait seule mettre fin au litige. Le Supérieur général de la Congrégation et le Père Procureur se rendirent donc à Paris et virent « le Seigneur Archevêque qui estoit très bien instruit par ses officiers. » Après bien des pourparlers, Mᵍʳ de Rohan déclara qu'il remettait totalement l'affaire entre les mains du Père Général. Celui-ci pour ne pas engager sa responsabilité personnelle, proposa de recourir à l'arbitrage des avocats qui forment le Conseil de la Congrégation. L'abbé commendataire ayant accepté cet arbitrage, les officiers de l'Archevêque d'un côté, les religieux de l'autre, composèrent et remirent aux avocats désignés le

mémoire de leurs prétentions et de leurs revendications (1). En attendant
que le jugement fut rendu, Mgr de Rohan, pour ne pas entraver la marche
des travaux, enjoignit à son intendant de tenir à la disposition du couvent
les 8.000 livres, préalablement offerts par ses gens. Le 23 octobre 1730, il
écrivait au Supérieur général : « La contestation que nous avons ensemble
ne pourra être terminée définitivement qu'après la Saint-Martin. Comme
cependant, il ne faut point que vos réparations souffrent de retardement,
vous pouvez toujours y employer la somme qui vous a été offerte, et si par
hasard, ce que je ne crois pas, vous avez sur cela quelques difficultés, vous
pourrez faire voir au sieur Gascard ma présente lettre, et elle finiroit
tout » (2).

La délibération des avocats fut toute en faveur des religieux. Comme
ceux-ci l'avaient fait remarquer, sans une pareille catastrophe la transaction
de 1727 était plus avantageuse aux abbés qu'à eux-mêmes, les réparations
n'exigeant jamais en temps ordinaire une somme supérieure aux mille écus
marqués dans cette transaction. Cette délibération ne pouvait être évidemment
du goût des officiers de l'Archevêque, et ils le firent bien voir : « Ils commen-
cèrent à quitter à l'égard des religieux leur honnêteté et douceur apparente,
et à se comporter en toutes les occasions d'une manière pour le moins très
peu gratieuse *(sic)*. » De plus, en 1731, les travaux étant terminés, ils
renouvelèrent les mêmes difficultés pour la solde du dernier paiement, « se
montrant plus opiniâtres et de plus mauvaise humeur » ; mais l'Archevêque
de Reims auquel les ouvriers s'adressèrent, leur intima l'ordre de donner à
tous satisfaction. La somme totale payée par lui fut de 12.300 livres.

Malgré leur insuccès, les officiers ne se tinrent pas pour battus, et l'occasion se présenta bientôt à eux de satisfaire leur rancune. Mgr de Rohan avait
obtenu du Conseil d'État, le 5 décembre 1730, le quart de réserve des bois de
son archevêché et de l'abbaye de Saint-Thierry ; ce quart, pour l'abbaye
seulement, était estimé à 74 arpents et 10 perches. Toutefois, il était stipulé
dans le brevet de concession que la somme qui reviendrait de ces bois serait
employée, suivant adjudication, aux réparations à faire aux églises, fermes
et usines dépendant de l'archevêché et de l'abbaye. Les officiers, pour jouer aux
religieux un bon tour, tentèrent de ne faire dans la requête aucune mention
du prieur et des religieux de Saint-Thierry. Mais le Maître des Eaux et Forêts,
auprès duquel ils agirent, leur fit comprendre qu'il était impossible
de désunir l'abbé et les religieux. La chose, certes, en valait la peine, ces
80 arpents ayant été adjugés « à Claude Champagne de Reims pour 14.375 livres,
dont le quart, c'est-à-dire 4.791 livres, neuf sols, quatre deniers revenait à
l'abbaye. » Continuant leurs tracasseries, forts de l'appui de M. de Courtagnon,
Grand Maître des Eaux et Forêts du département de Champagne, peu disposé
en faveur des religieux pour raisons personnelles, ces officiers voulurent
discuter sur les réparations faites aux couvents pendant l'année courante.

(1) *Livre du Monastère, passim.*
(2) Cité par le *Livre du Monastère.*

Les religieux durent justifier de la somme de mille écus dépensée par eux pour la réfection des charpentes des dortoirs, du cloître et de l'église, de quelques maisons du village, et de la ferme dépendant de l'Aumônerie. Bien malgré lui, M. de Courtagnon publia une ordonnance en vertu de laquelle le tiers dans les sommes provenant de la vente du quart de réserve des bois de l'abbaye devait être payé aux religieux par le trésorier de la Maitrise des Eaux et Forêts. Ce tiers s'élevait à la somme de 4.012 livres. Déjà, quelque temps auparavant, sur la fin de l'année 1730, ces mêmes officiers avaient tenté, mais sans succès, de frustrer le couvent du tiers des Biens de Flandre, que Mgr de Mailly lui avait si bienveillamment consenti (1).

A partir de ce moment et jusqu'en 1754, sauf la réclamation plusieurs fois renouvelée par les religieux à leur abbé commendataire, d'une somme de mille francs due, selon la convention de 1727, au monastère, par chaque abbé à son entrée, « pour l'ornement », somme qui fut enfin délivrée par « le sieur Villain, intendant de l'Archevêché, » nous ne voyons plus s'élever de discussions sérieuses entre la mense abbatiale et la mense conventuelle. En 1754, les gens d'affaires de Mgr de Rohan, trouvant que la paix avait trop longtemps duré, et désireux de donner à leur maître un témoignage de leur zèle intéressé, jugèrent à propos de diminuer la quantité de taillis dont le couvent jouissait paisiblement depuis de nombreuses années. Forts de leurs droits, les religieux en appelèrent au grand Conseil. Les officiers de Son Altesse déclinèrent la compétence de ce Conseil, sous ce prétexte tendancieux que le Parlement seul pouvait juger les affaires des ducs et pairs de France, et par conséquent, de Mgr Armand-Jules de Rohan. Mais alors intervint un arrêt contradictoire du grand Conseil, ordonnant à l'abbé commendataire de procéder au fond, et le condamnant aux dépens. Sans perdre de temps, les gens d'affaires signifièrent à la communauté un autre arrêt, émanant du Conseil d'Etat, ordonnant que l'affaire en litige fut portée au Conseil du Roy, mais adjugeant, par mesure de provision, aux religieux les deux arpents de taillis, objet de leurs réclamations. L'affaire menaçait de s'éterniser ; Mgr de Rohan et la communauté transigèrent devant le Grand Maître des Eaux et Forêts. En vertu de cette transaction, les religieux obtenaient deux arpens de taillis « à l'âge qu'ils pourront le couper », et le sixième des arbres sur taillis ; le prix de ce sixième pour les années écoulées devait être estimé sur les ventes faites et à la charge du sieur Villain.

Ce n'était là qu'une première tentative, une autre devait la suivre beaucoup plus sérieuse. Les religieux voulant en 1755 faire dans leur monastère des réparations qui paraissaient urgentes, mandèrent l'architecte de Reims, qui après visite déclara que ces réparations seraient plus considérables qu'on ne se l'était imaginé tout d'abord, et trouva plusieurs parties de l'église en très mauvais état. Les religieux en informèrent immédiatement l'intendant de Son Altesse qui proposa une visite amiable par des experts nommés de part et d'autre. Le procès-verbal de constat, dressé par ces experts n'ayant pas plus

____

(1) *Livre du Monastère, passim.*

« aux officiers de Mgr l'Archevêque », ceux-ci assignèrent les religieux au grand Conseil, à seule fin de produire l'acte de réception des travaux de l'église faits en 1721. N'ayant pas obtenu gain de cause sur ce point, ils attaquèrent le proces-verbal lui-même disant que la visite des experts n'avait pas été faite selon les formes ordinaires de la justice et exigeant qu'une seconde visite eût lieu, faite cette fois par des experts venus de Paris. Le grand Conseil, tout en reconnaissant l'utilité de cette nouvelle visite, décida qu'il suffirait qu'elle fut faite par des experts de Reims. Nonobstant cette décision, Mgr de Rohan ayant fait venir de Paris son expert, M. de la Touche, les religieux crurent devoir l'imiter et demandèrent à M. Caqué, ayant pour greffier M. de Berville, de les représenter. Cette visite n'eut lieu qu'en 1759, et elle fut faite « avec toute l'exactitude et l'attention possible ». Le procès-verbal des experts, tout entier favorable aux religieux, divisait les réparations en trois classes : La 1re classe, ayant pour objet les vilains-fondoirs et composée de 54 articles, s'élève à la somme de 40.522 livres ; la 2me s'occupe des grosses réparations. elle contient 112 articles, et s'élève à 13.622 livres ; les experts reconnaissent que la plupart de ces grosses réparations sont dûes à la mauvaise qualité des matériaux employés ; la 3me, qui contient 114 articles, porte sur les réparations d'entretien.

Ce fut seulement au commencement d'octobre 1760 que ce procès fut définitivemnet jugé. L'arrêt du grand Conseil condamne les religieux de Saint-Thierry à toutes les réparations à faire à l'église, sauf 23 articles désignés dans le procès-verbal des experts, aux deux tiers du coût de ce procès-verbal, au tiers des vacations, des *épices* et du coût de l'arrêt ; et Mgr de Rohan était condamné au reste. Les frais de ce procès s'étaient élevés pour les religieux à la somme de 24.000 livres (1).

La maison était évidemment hors d'état de subvenir en même temps aux frais du procès et aux dépenses exigées par les réparations. Un nouvel arrêt du Conseil obligea la communauté à obtenir des supérieurs de la Congrégation, l'autorisation d'emprunter 30.000 livres. Tout étant ainsi arrangé, les travaux purent commencer ; l'adjudication en ayant été faite à l'architecte rémois Lefebvre, pour la somme de 20.000 livres au nom des religieux, pour 20.000 livres au nom de Mgr de Rohan. L'Archevêque de Reims donna procuration à son intendant, M. Villain, pour constater, de concert avec les religieux, les réparations non prévues, et après le décès de Mgr de Rohan, qui arriva au cours de cette même année, le cardinal de Rohan, son frère, et aussi son héritier, exigea que le cahier des charges fut exactement éxécuté.

§ IV. — Mgr de la Roche-Aymon.

La paix règne désormais entre les deux menses. Ni l'une, ni l'autre n'avait à gagner dans ces procès toujours onéreux, même pour ceux qui les gagnent. Le successeur de Mgr de Rohan au siège de Reims le comprit. Un des premiers

(1) *Livre du Monastère,* à la date.

actes de M⁸ʳ de la Roche-Aymon, comme abbé commendataire, fut de sceller un accord définitif, en s'invitant à dîner, deux mois après son intronisation au monastère du Mont-d'Hor. Citons ce passage du « *Livre du Monastère* » qui ne manque pas d'intérêt : « Son Excellence Mᵍʳ Charles-Antoine de la Roche-Aymon, grand aumônier de France, ayant été nommé au commencement de l'année (1762) archevêque de Reims, et par conséquent abbé de Saint-Thierry, fit son entrée à Reims au mois d'Avril, pendant la diète. Le P. Souprieur *(sic)* est allé avec le P. Procureur pour le saluer, ce prélat s'invita pour venir dîner à Saint-Thierry. Il arriva ici le jour de Saint-Marc, vers les neuf heures du matin, avec Mᵍʳ l'évêque de Condages, son neveu, et Mᵍʳ l'évêque de Cydon, M. Jacquemart et plusieurs messieurs attachés à Mᵍʳ l'Archevêque s'y trouvèrent aussi. Comme son Excellence estoit en habit de campagne, on n'a point jugé à propos de le recevoir avec croix et eau bénite. Le P. Souprieur s'est contenté de le haranguer *(sic)* à la salle. Ce prélat à dîné avec sa compagnie à l'abbaie de Saint-Thierry ; ses officiers et un grand nombre de domestiques y ont dîné aussi et cette dépense a coûté cent écus à la maison » (1).

La paix est établie définitivement entre l'abbé commendataire et les religieux ; mais hélas ! cette paix est pour l'abbaye un signe précurseur de la mort. Comme nous l'avons écrit ailleurs (2), malgré leur bonne volonté, les religieux du Mont-d'Hor, appauvris par les guerres ruinés par les années stériles et par de violents ouragans, vivaient péniblement. En 1763, la communauté se composait de huit religieux y compris le prieur ; en 1775; elle se réduisait à quatre membres. Aussi, le cardinal de la Roche-Aymon se crut autorisé à demander la suppression de la conventualité. Déjà, dès le mois de janvier 1775, il obtenait de Marie-Thérèse impératrice douairière, reine de Hongrie, par un bref daté de Vienne, en Autriche, l'autorisation d'aliéner plusieurs parties de dîmes, et quelques parties de terre situées dans la province et comté de Flandre et de Hainaut. L'estimation de ces dîmes était de 7.000 livres Parisis ou de 3.500 florins, argent courant de Brabant. L'année suivante, il était, en vertu d'un bref daté de Bruxelles, 5 août 1776, autorisé par Charles de Lorraine, beau-frère et cousin de l'impératrice, et capitaine général des Pays-Bas, à comprendre, dans la précédente aliénation, les parties des dîmes des Seigneuries d'Escanalf et de Celle-Molembaise (3). Ce morcellement avant la lettre devait aboutir à la suppression totale de l'abbaye, officiellement prononcée par une bulle du Pape Pie VI, datée de Sainte-Marie-Majeure, 31 juillet 1776, et par un décret de Louis XVI (4).

(1) *Livre du Monastère.*
(2) *Les Reliques de saint Thierry et de saint Théodulphe, abbés du Mont-d'Hor* brochure in 8° de 120 pages.
(3) Liasse Saint-Thierry.
(4) Bibliothèque de Reims. — Fonds de Saint-Thierry.

LA CHASSE DE SAINT MARCOUL

au Sacre de Louis XV

Les détails qui vont suivre ont été empruntés à une relation manuscrite, annexée au *Livre du Monastère de Saint-Thierry*, relation qui a pour auteur le prieur de l'abbaye du Mont-d'Hor. Pour donner à son récit plus d'autorité, le bon religieux a cru devoir le terminer par ces quelques paroles : « Récit cy-dessus certain, par le témoin occulaire (*sic*), signé : Frère Claude Génart, humble prieur de Saint-Thierry ». Nous pensons que ces détails, consignés quelques jours seulement après la cérémonie du Sacre de Louis XV ne seront pas dénués d'intérêt pour les lecteurs de la *Revue de Champagne*.

Le Sacre de Louis XV eut lieu dans la cathédrale de Reims, sur la fin d'octobre de l'année 1722. Or, les religieux de l'abbaye de saint Thierry, ayant appris que, sur ordre du Roi, la châsse de Saint-Marcoul allait être transportée à Reims, en vue de la royale cérémonie, dépêchèrent immédiatement au prieuré de Corbeny, leur procureur dom Jean Menager, pour solliciter de dom Nicolas Moreaux, prieur de saint Marcoul, la faveur grande, de posséder au moins pendant quelques heures dans leur église, les reliques du Bienheureux. La chose était d'autant plus facile que le monastère du Mont-d'Hor se trouvait, pour ainsi dire, sur la route qui va de Corbeny à Reims. Leur demande fut bienveillamment accueillie, et il fut décidé qu'une station aurait lieu dans l'église de l'abbaye de Saint-Thierry.

Au jour convenu, la châsse de saint Marcoul quitta Corbeny de bon matin. Elle était accompagnée, par ordre de Louis XV, de M. Malmaison, grand prévot de la maréchaussée de Reims et d'un autre officier de cette maréchaussée, chargés tous deux, plus spécialement, par le Roi, de veiller pendant la translation à Reims, sur le précieux dépôt. Le prieur de Corbeny, le curé de ce village, M. Fouquet, lieutenant de justice de la localité et un certain nombre d'habitants suivaient la châsse. Quand les religieux de l'abbaye du Mont-d'Hor apprirent que le cortège, qui avait successivement traversé les villages de Cormicy, Cauroy, Villers-Franqueux et Pouillon était aux environs de leur monastère, ils firent immédiatement sonner à toute volée les cloches, petites et grandes de leur église abbatiale et de l'église Saint-Hilaire. Puis, le Père Dom François Ridou, visiteur de la province, qui, en ce moment, se trouvait à Saint-Thierry, revêtit la chape des jours solennels, et, accompagné d'un diacre, d'un sous-diacre et de toute la communauté, il alla au devant de la châsse jusqu'aux extrêmes limites du village. Alors, après le chant d'une antienne en l'honneur du Bienheureux, une procession s'organisa : les moines chantèrent des hymnes sacrées, et bientôt, au son de toutes les cloches la châsse était déposée dans l'église abbatiale, où, pendant plus de deux heures, elle fut l'objet du respect et de la pieuse vénération des habitants de

Saint-Thierry. — Vers trois heures de l'après-midi, après une abondante collation, gracieusement offerte dans le monastère aux gens de Corbeny et aux officiers de la maréchaussée, collation que la longueur de la route avait rendue nécessaire, le cortège se dirigea vers Reims. Le Père visiteur et son secrétaire, tous les religieux, sauf un, commis à la garde de l'abbaye, le curé de Saint-Thierry, M. Remy Couvreur, depuis moine à Tauclerc, ses six clercs, et la majeure partie des habitants du Mont-d'Hor suivirent, au chant des vêpres, des psaumes gradués et des sept psaumes de la Pénitence, la châsse jusqu'à Reims. — A une portée de fusil des portes de la ville, une crédence avait été dressée pour recevoir les saintes reliques : c'est en cet endroit que s'étaient donné rendez-vous les communautés de Saint-Remy et de Saint-Nicaise. A l'arrivée de la procession, la foule des Rémois qui l'attendaient était innombrable. La châsse fut alors placée sur cette crédence pendant quelque temps pour permettre au prieur de Saint-Remy, dom Denis Gaudard, de l'encenser : puis, on chanta une antienne avec son répons en l'honneur du saint abbé. Les religieux de Saint-Thierry quittèrent ensuite le cortège pour retourner à leur couvent, où ils arrivèrent à sept heures du soir. Leur prieur, toutefois, et son secrétaire se joignirent aux religieux des deux communautés urbaines pour accompagner la châsse jusqu'à Saint-Remy.

Après leur départ, le cortège se reforma pour se diriger, par le bourg Saint-Denis, vers l'église de l'archimonastère. De chaque côté de la châsse, les religieux de Saint-Remy et de Saint-Nicaise forment la haie : le prieur dom Gaudard, revêtu de la chape, préside, ayant à ses côtés, le Père visiteur. Sur tout le parcours, l'affluence des Rémois est considérable. On ne peut exprimer la piété que firent paraître les habitants de Reims.

Une seconde station eut lieu à l'hôpital de Saint-Marcoul. Là aussi, devant la porte, avait été dressée une crédence pour recevoir la châsse, et on y observa le même cérémonial qu'aux portes de la ville.

Madame l'abbesse de Saint-Pierre ayant envoyé son chapelain au Père visiteur, pour obtenir que les saintes reliques fussent déposées pendant quelques courts instants, dans le chœur de son église, le cortège dût faire un léger détour pour donner satisfaction aux pieux désirs de la bonne moniale. La châsse fut placée « dans le chœur de ces Dames » et les Religieuses, après le chant d'une antienne, vinrent, deux à deux, dévôtement, baiser le pied du reliquaire.

De là, la procession se dirigea, par la rue du Barbâtre, vers l'église de l'archi-monastère de Saint-Remy. On n'y arriva que vers sept heures du soir, à la lueur des flambeaux. La foule du peuple, qui s'était massée dans le gracieux édifice à cette occasion, était si grande, « qu'on montoit sur les hauts des chaires du chœur ». A cause de l'heure tardive, on dut se contenter de chanter le *Te Deum* avec versets et oraisons, puis la châsse fut déposée dans une des chapelles, dédiée précisément à saint Marcoul, sous un magnifique dais aux écussons de France. La garde en fut confiée au prieur de Saint-Marcoul qui, avec un autre religieux remplit cette charge jusqu'au jour où la châsse fut ramenée à Corbeny.

Le jour suivant, lendemain du sacre, le roi devant venir toucher les malades affligés d'écrouelles, la chàsse fut déposée dans le chœur de l'église abbatiale : une messe fut dite à laquelle assista Louis XV, qui y reçut la sainte communion, comme la veille, « jour de la cavalcade »; puis, il se rendit processionnellement dans le grand enclos de l'archi monastère où il toucha près de quinze cents malades.

La chàsse de saint Marcoul resta dans l'église de l'abbaye de Saint-Remy, jusqu'au départ du Roi. Quelques jours après ce départ, le 3 novembre, elle était rapportée à Corbeny. Pour cette translation, la procession, partie de l'archi-monastère se déroula aussi majestueuse qu'à l'aller, à travers les rues de la ville, au milieu d'un grand concours de peuple. Le roi avait ordonné qu'un char fùt préparé pour reconduire, jusqu'aux portes de Reims, les vénérées reliques. Mais les Rémois déclinèrent l'offre royale et voulurent porter la chàsse sur leurs épaules. Le cortège s'arrêta à un quart de lieue hors des murs de la ville, au lieu dit : la Croix du Mont de Reims. Une fois encore, les précieux restes furent encensés par dom François Ridou et respectueusement salués par les communautés de Saint-Remy et de Saint-Nicaise ; puis, le saint dépôt fut remis entre les mains des religieux de Saint-Thierry, venus tout exprès de leur monastère et qui attendaient groupés au pied de la croix. Alors, seulement, Religieux et Rémois rentrèrent à l'intérieur des murs de Reims. — Une nouvelle procession s'organisa aussitôt leur départ, et se dirigea vers l'abbaye du Mont-d'Hor, moins importante par le nombre, sans doute, mais aussi profondément recueillie. Les habitants de la terre de Saint-Thierry, s'étaient fait un devoir de former autour de la chàsse de Saint Marcoul, une escorte d'honneur. Les paroisses de Merfy, Pouillon, Villers-Franqueux, Chenay, Thil et Villers-Sainte-Anne, ayant chacune à leur tête leur pasteur, se trouvaient là, groupées derrière leurs bannières respectives. Bientôt, le cortège se mit en marche, au chant des vêpres et des complies. De chaque côté de la croix processionnale, sur deux files, à des intervalles espacés, s'avançaient trente enfants de chœur, les choristes au nombre de plus de vingt, sans compter les six choristes de Saint-Marcoul, et les religieux de Saint-Thierry. Au centre, la chàsse était portée, sur les épaules, alternativement par les habitants de chaque paroisse. Aux côtés de la chàsse se tenaient les officiers de la maréchaussée de Reims et le lieutenant de la justice de Corbeny. Le R.-P. Prieur, revêtu de la chàpe, fermait le cortège et derrière suivaient les membres du bailliage de Saint-Thierry « en robe de cérémonie » , et tout le peuple venu de Corbeny et des villages voisins.

Cette procession arriva au Mont-d'Hor vers cinq heures du soir. A son approche, toutes les cloches du village et du monastère furent mises en branle, et c'est au son de leurs joyeux carillons que la chàsse de saint Marcoul fit son entrée dans l'abbaye et fut déposée dans le chœur de l'église abbatiale, où les foules accoururent la vénérer avec un confiant empressement. Après la cérémonie, « on régala » à la salle le Père Prieur de Saint-Marcoul, son procureur, le curé de Corbeny, et les officiers de la maréchaussée ; les autres, enfants de chœur, choristes, les habitants de Corbeny, au nombre de plus de cinquante, furent traités au réfectoire, après le repas de la communauté. La collation offerte fut frugale, mais très abondante : « on leur donna la soupe, un plat de légumes, la chopine, et se couchèrent comme ils purent ».

Le lendemain, 4 novembre, entre sept et huit heures du matin, une messe votive solennelle de saint Marcoul fut chantée en l'église de l'abbaye, « comme aux plus grandes fêtes de premier ordre » par le prieur de Saint-Thierry, avec le concours de tous les choristes et de la communauté. La foule qui y assista était plus nombreuse encore que la veille. « Les chaises hautes et basses estoient toutes remplies de Messieurs les Curés des environs après les religieux, des choristes et des enfants de chœur. » Après la messe, un « déjeuner, en forme de diner », fut servi dans la salle et au réfectoire : puis, on revint à l'église pour y chanter trois fois l'invocation : *Sancte Marculphe, ora pro nobis* ; et de là, le cortège se dirigea sur la route de Corbeny, non sans avoir fait une dernière station en l'église Saint-Hilaire de Saint-Thierry.

Le peuple, les religieux auraient été désireux d'accompagner les restes du saint abbé jusque Pouillon : mais, ils en furent empêchés au dernier moment par la pluie. Après avoir, comme à l'aller, traversé, à la grande édification des populations, les villages de Pouillon, Villers-Franqueux, Cauroy, Cormicy, la châsse de saint Marcoul était, le soir de ce même jour, replacée dans la chapelle du prieuré de Corbeny.

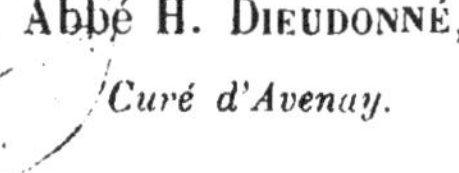

Abbé H. Dieudonné,
Curé d'Avenay.

Reims, Imprimerie coopérative, rue Pluche, 24. (66875)